U0507871

詹姆斯·乔伊斯传

于立凤◎著

时代文艺出版社

图书在版编目（CIP）数据

詹姆斯·乔伊斯传 / 于立凤著. —长春：时代文艺出版社，2016.4（2023.7重印）

ISBN 978-7-5387-5133-8

Ⅰ.①詹… Ⅱ.①于… Ⅲ.①乔伊斯，J.（1882～1941）－传记 Ⅳ.①K835.625.6

中国版本图书馆CIP数据核字（2016）第001730号

出 品 人　陈　琛
责任编辑　刘瑀婷
助理编辑　史　航
装帧设计　孙　利
排版制作　隋淑凤

本书著作权、版式和装帧设计受国际版权公约和中华人民共和国著作权法保护
本书所有文字、图片和示意图等专有使用权为时代文艺出版社所有
未事先获得时代文艺出版社许可
本书的任何部分不得以图表、电子、影印、缩拍、录音和其他任何手段
进行复制和转载，违者必究

詹姆斯·乔伊斯传

于立凤 著

出版发行 / 时代文艺出版社

地址 / 长春市福祉大路5788号　龙腾国际大厦A座15层　邮编 / 130118
总编办 / 0431-81629751　发行部 / 0431-81629755
官方微博 / weibo.com / tlapress　天猫旗舰店 / sdwycbsgf.tmall.com
印刷 / 北京市一鑫印务有限公司
开本 / 710mm×1000mm　1 / 16　字数 / 150千字　印张 / 12
版次 / 2016年4月第1版　印次 / 2023年7月第3次印刷　定价 / 36.00元

图书如有印装错误　请寄回印厂调换

目录

Contents

　　詹姆斯·乔伊斯是爱尔兰小说家，他虽年少时便热爱诗歌和文字，却是将近40岁才定居巴黎，专门进行小说创作。从作品数量来看，他并不是小说家中多产的，能够让他震惊世界文坛的是因为他作品中所表达的"意识流"思想，他也由此成为举世公认的"意识流"小说大师。

　　乔伊斯是艺术家，他在《尤利西斯》中驾驭时间以及心理的能力无人可比肩。在他的小说中，人物的意识活动以及瞬息万变的感性生活都被展现得淋漓尽致。但他更像一个历史的创造者，他把自己所有的经历和创造巧妙地结合起来去表达自己的思想和精神。他作品中的人物都能在现实生活中找到原型，情节更是来源于生活，这些生活经历不是他创作的背景，而是他创作的本身。在他的作品中，大多描绘了下层人们的生活，颠沛流离、贫穷凄苦的人们对理想的追求以及希望的破碎。他给这些人物本身赋予了自己的思想和灵魂，还原一个个平凡却又不平凡的人生。正如他自己所说的"我的宗旨是要为我国的道德和精神史写下自己的一章。"

可这样的道德和精神并没有得到所有人的认同。追随者一遍遍地拜读他的文章，不断地理解他的作品中对人性的理解，反对者则认为他是个异类，并不能接受他作品中人物丑陋的形象，至少我们应该对人性抱有乐观的态度。不得不说，乔伊斯的作品的确复杂难懂，人物形象也并不光鲜亮丽，比如叛逆不羁的青年人、消极悲观的成年人等，他并没有戏剧性地夸大他们的优点，却反而让人们看到了他们错综复杂、瞬息万变的心理。这些人物都普通平凡，有着市井小民普遍有的思想和生活。有些人生活贫困、衣衫褴褛，但并没有掩盖住他们内心善良的灵魂，有些人衣衫整洁、衣食皆丰也并不代表他高贵。读者面对这样的文字，就好像自己的心事被别人看穿，这并不是所有人能够接受的。

后人评价说，乔伊斯是20世纪伟大的文学家之一，这样的形象似乎与他本人不符，他向来是个特立独行格格不入的人，也向来说些让人觉得不够体面的话，就连他的作品也饱受争议。但是当你走近他的生活，了解他的生存状态，也许你便会开始欣赏这个人，他高贵的思想和追求真理的精神会盖过他不光彩的形象，你便会从他的文字中找到些共鸣。

在这本传记中，我们详细地讲述了乔伊斯从少年时期的成长，到中年时期的创作，以及成名后的生活，将乔伊斯一生传奇的经历展现在读者面前，希望读者能够从多角度去了解这个一生颠沛流离却依然保持高贵思想的人，也能够对他的作品有自己的解读。

第一章 克郎高士的孩子

1. 一生辗转的父亲

爱尔兰是一个历史悠久、民风淳朴的岛国，面积不大，比我国的重庆市稍小一点。这里气候温和湿润、风景美丽迷人，其国民大多信奉天主教，喜好音乐。

18世纪末，乔伊斯的祖辈南迁到科克市的费尔莫依镇，定居在这里的乔伊斯一家和一般的天主教徒一样，也是小佃农。当时，有一个企业家将那里开发成了一个军事要塞、驿站和交易中心，为新兴的天主教徒提供了很多的就业机会，乔伊斯家族也成了受惠者之一。

19世纪30年代是科克市最繁荣的时期，高祖父乔治·乔伊斯因一笔承包生意赚到了钱，置办了房产，曾祖父和祖父则做起了石灰石和盐的生意，乔伊斯家族也随之欣欣向荣起来。后来，由于那几年的马铃薯产量很低，造成了一场大饥荒，很多人都饿死了，乡间的情况更为恶劣，大量人口涌入了都市。曾祖父经营的盐与石灰石生意也开始走上了下坡路，50年代初便宣布破产了。

乔伊斯的曾祖父是一个意志坚强的人，虽然遭遇了破产的挫折，但之后又马上另起炉灶，转到了建筑行业，成了一个事业有成的建筑商。而祖父是家里的独子，他和父亲不同，并不善于理财，不过却攀上了一门好亲事。虽然妻子比自己大十岁，但是这桩婚事却令他受益匪浅，除了得到了为数不少的嫁妆，更重要的是，他和一些名流贵族成了近亲。妻子的一个亲表兄弟彼得·保罗·麦克斯威尼曾经是都柏林市的市长，后来独子约翰·乔伊斯能够进入政界也多少受了这个人的影响。

也许同是"独子"的原因，约翰·乔伊斯和父亲二人关系很好，父亲对约翰也非常宽容和放任，甚至有意培养他纵狗打猎的嗜好，虽然也曾为了锻炼体质把约翰送到领航船上，但这一经历只让他学到了满嘴的诅咒和脏话。

乔伊斯的祖父在39岁的时候就因发烧及肺炎久治不愈而去世了，当时的约翰只有17岁。父亲的去世并没有让年轻的约翰发愤图强，他把所有时间都放在了戏剧表演上。不过，21周岁时的约翰不仅继承了几处房产，每年会有大约315英镑的固定收入，外祖父还给了他1000英镑以庆祝他的成年。这样一来，他就更有了玩乐的资本了。

1870年7月，普法战争爆发，爱尔兰乱成一团，约翰·乔伊斯也更加躁动不安了，常常与革命共和党为伍，吃喝玩乐、划船打猎……这让他的母亲寝食难安，为了儿子的前途，大约在1874年底的时候，母子俩搬到了都柏林。

约翰·乔伊斯口才不错，社会关系也处理得非常好，即便是来到一座新城市，他也能很快和周围的一切熟络起来，找到新朋友，继续在都柏林做着自己喜欢的所有事情。

玩乐了一段时间后，约翰和一个叫阿莱恩的人合作酿酒公司，可是却被这个合伙人骗走了公司里所有的钱财，他的第一次经商宣告失败。

至于他后来进入政界，说来有些稀里糊涂的。1880年3月份，约翰·乔伊斯所在的俱乐部对一次选举结果起到了很大的作用，他也因在选举过程中表现突出而得到了爱尔兰新总督的奖励——出任都柏林地方税务局里的一个闲差,任命终身而且一年五百英镑。

有了这种好条件后,约翰·乔伊斯也得到了他希望的婚姻,妻子比自己小十岁——梅·默里,一个白酒和葡萄酒代理商的女儿。他和妻子是在一个教堂的周日唱诗班上相识的,他们一个有着为之骄傲的男高音歌喉,一个从小一直接受音乐方面的训练。虽然约翰的母亲、梅的父亲反对这桩婚事,不过他还是依自己的意思结了婚。他和妻子的感情很好, 两人一共生育了四个儿子、六个女儿。

不过,约翰虽在生儿育女方面与自己的父亲不一样,但在不善理财方面却相差不多。从1881年第一个孩子的降生到1893年最后一个女儿的出生,短短十三年间,约翰抵押了十一处房产贷款,到最后,他的家里就只有孩子和债务了。

2. "阳光吉姆"

1882年2月2日,在都柏林市南郊拉斯格的一所红砖屋里,乔伊斯家的次子詹姆斯·奥古斯丁·乔伊斯出生了,他沿用了祖父的名字。

小乔伊斯的出生给这个家庭带来了很大的安慰,对父亲约翰来说尤其如此。因为第一个孩子出生后不久就夭折了,他伤心地说自己的生命也随之而去了。所以,父亲一直都非常宝贝这个长子。

2月5日,小乔伊斯在圣约瑟夫礼拜堂接受了洗礼。洗礼是由可敬的约翰·奥马洛伊主持,菲利普·麦卡恩和艾伦·麦卡恩夫妇是教父母。

两年后，乔伊斯家搬到了拉斯曼的卡索伍大道，新居坐落在贝尔格拉夫广场旁，是个很体面的房子，附近的居民也都是一些品德高尚的人。不过，父亲约翰一直期望着能住在既靠近水又远离妻子亲戚的地方，所以在那里也没有住多久。1887年，乔伊斯家搬到了都柏林市区外，在维克娄海岸的布雷镇上，距海仅几步之遥。一家人在马特娄街高级住宅区里的一所大房子里安顿了下来。

从1882年乔伊斯出生到1887年搬到布雷镇，一共有五六年的时间，小乔伊斯慢慢地长大了，也多了几个弟弟妹妹。父亲约翰虽然还在以房产做抵押向银行贷款，但此时的他还有偿还能力，家里的经济情况比较稳定。

乔伊斯家虽然搬出了都柏林，但与市内的朋友依然保持着联系，从都柏林乘火车到布雷镇很方便。父亲很喜欢邀请朋友来家里聚会，一起吃饭聊天、喝酒唱歌。其中有两位是常客，一个是容易相处、有一肚子笑话的伯根；一个是热情友好、钢琴弹得很棒的德温。小小的乔伊斯就在这些玩乐的大人身边玩耍、成长，自然会受到父亲交往的朋友的一些影响。

不仅是父亲的朋友，还有常住家里的客人。其中一个是父亲的舅舅，威廉·奥康奈尔，在乔伊斯家住了有六年的时间。威廉性情温和、待人和善，与约翰相处得很好，但对乔伊斯影响最大的是威廉的妻子——约瑟芬·吉尔特拉普·默里。在那麻烦不断的生活中，约瑟芬不仅聪慧机敏，而且还有着无论任何时候都慷慨大方的谦和品性。在乔伊斯的心中，约瑟芬是一个智慧、喜乐的女人，她总是很容易化解掉在自己看来耸人听闻的问题，还会经常和母亲、自己三个人一起来个钢琴三重奏。

还有一位客人名叫约翰·凯利，父亲总是定期邀请他到家里来住。他们一个是政府官员，另一个则是造反人员，随时都有被捕的危险。在那个动荡不安的年代，和这样的人打交道是有很大危险的。但是，因为他们有着相同的信仰对象——巴涅尔（爱尔兰民族主义领袖，自治运动领导人），也都从不对自己的民族主义思想闪烁其词。所以，约翰非常照顾这个蹲过几次监狱的朋友。而这些，也对小乔伊斯的思想产生了很大的影响。

自从到了布雷，母亲的身体因生育频繁越来越虚弱，需要静养，对小乔伊斯的照顾也力不从心了，好在有家庭教师康韦的到来。康韦是一个受过良好教育的、称职的老师。她教乔伊斯阅读、写作、地理、算术，有时还朗诵诗歌，是乔伊斯的启蒙老师。虽然康韦老师的虔诚对乔伊斯没什么影响，但她的迷信却让他印象深刻。康韦告诉乔伊斯说，打雷是神在生气，神的怒火在喷发，所以后来，只要一听到雷声，乔伊斯就极其害怕，甚至浑身发抖。

在和这些形形色色的大人相处时，乔伊斯是一个非常规矩的孩子，性情恬静，所以大家都叫他"阳光吉姆"。小乔伊斯的嗓音优美，再加上家里音乐气氛浓厚，刚六岁出头，他就和父母一起在音乐会上登台演唱过。父亲约翰对自己的长子给予了极高的期望，所以很快，阳光吉姆就要离开家，去读小学了。

3. "小女友"艾琳·万斯

1887年，乔伊斯在雷纳小姐主持的幼儿园里上学，认识了一个叫艾琳·万斯的女孩儿。艾琳家也在马特娄街，和乔伊斯家是邻居。

艾琳的父亲名叫詹姆斯·诺依·万斯，是布雷镇上的药剂师，不过他"和医师一样"。一次，乔伊斯在走路时被狗咬伤了，是万斯替他治疗好了伤。从此以后，乔伊斯便敬猫怕狗了，也有缘和万斯家走得更近了。

万斯原籍是科克市。妻子因病早逝，他独自一人抚养女儿艾琳。万斯是一个乐观勤奋、聪敏愉悦的人，总是会和人说些居家趣事和仆人惹祸的故事，周围的人们都很喜欢他。有段时间，两家住得非常近，约翰也是一个喜欢交朋友的人，两家很快就打成一片，相处得亲密无间。

艾琳有张苍白的鹅蛋脸，漆黑的长发常扎成两根辫子围着脸，垂在胸前，是个非常漂亮的小女孩，但她不太爱笑，总是给人一种冷若冰霜的感觉，其实不然，她是个动人也喜欢玩耍的女孩儿。

在幼儿园，乔伊斯擅长想象一些吓人的事情，还能讲得惟妙惟肖。一次，他告诉艾琳，自己家里孩子多，如果有人淘气，妈妈就会把他的头按到抽水马桶里，然后用水箱里的水冲他的头。乔伊斯一边说，还一边摆出头被按进马桶里的痛苦表情。一向机灵的艾琳真的相信了，不由得吓得呆呆的，让乔伊斯很是得意。

在两家住得近的那段时间，万斯和艾琳也常去乔伊斯家做客。万斯是虔诚的基督教徒，但他依然很欣赏乔伊斯，而且和约翰·乔伊斯一样，对他期望很高。而每次让艾琳·万斯记忆最深刻的就是，乔伊斯家音乐气氛浓厚的情景——约翰唱歌，梅为他伴奏，孩子们也在一起唱歌。梅满头金发，在艾琳眼中，她如同天使一般。

乔伊斯和艾琳同在一所学校读书，两家又处得很好，所以两人经常被人配成一对取笑，就连双方家长也都半真半假地认定，两个孩子长大后会成亲。1889年的情人节，艾琳的父亲还假冒她的名义给乔伊斯写了一封情书：

> 啊，吉米·乔伊斯，你是我的心肝，
>
> 你是我的镜子我日夜地看，
>
> 我宁愿要身无分文的你，
>
> 也不要有驴子和花园的哈里·纽沃尔。

虽然信被母亲截下，乔伊斯并没有看到这封信，但他还是知道了有这样一件事。艾琳也是后来才知道了这个恶作剧，觉得非常不好意思，以后每次见到乔伊斯总是显得很拘谨，一连好多年，只要听到他的名字，她都会脸红。

不过，乔伊斯和艾琳并没有如大家所想象的那样。一次，两人透过栏杆仰望布雷斯林旅馆草坪上的观光客，乔伊斯看着艾琳白皙的皮肤，美丽的秀发，听着她那可爱的笑声，仰慕之心油然而生，他将艾琳的美貌和天主教圣母祷告词里的"象牙塔、黄金屋"联想在一起。对小乔伊斯而言，与艾琳之间的情谊对他意义重大，这也许是因为他们之间的情谊是对纯美的最好回忆。

1890年，万斯家移居罗瑞陀台阶。两家住得远了，自然也就疏远了，也没有过多联系，人们眼中的"金童玉女"也就此分开了。

4. "班上最活泼的一个"

1888年9月1日，乔伊斯入学了。他在父母亲的陪伴下，来到了距离布雷镇约40公里的克朗高士森林公学。

站在克朗高士的门口往里看，路旁排列着一棵棵高大的老榆树。这间学校给人的第一感觉极为深刻：有着百年历史的古城堡、占地约500亩的广阔校园、攀墙而上的常春藤……看上去古意盎然又浪漫十足，让人觉得庄严又温和。虽然条件不错的学校也有很多，但克朗高士森林公学被公认为是爱尔兰最好的一所学校。心高气盛的约翰当然想要儿子接受爱尔兰最好的教育了。

　　母亲泪眼汪汪地和小乔伊斯拥别，嘱咐他不要和粗鲁的男生说话；父亲则是要乔伊斯勇敢，不可搬弄是非，后来还提醒他，他的外曾祖父曾在克朗高士做过演讲，乔家人在克朗高士要觉得自在才对。叮嘱过后，父母离开了，小乔伊斯开始了一个人在克朗高士的独立生活。

　　小乔伊斯身材单薄瘦小，再加上入学时只有六岁半，第一次离开家的他在学校过得并不快活。校方体谅乔伊斯年纪小，没有让他在宿舍住，而是安排他住在医务室里，由住校的护理长南尼·贾尔文负责照顾。在克朗高士的头几个月里，乔伊斯虽然得到了特别的安排和照顾，但是，这并不能阻止他想家，而且也避免不了其他孩子的欺负。

　　克朗高士的良好口碑吸引来的学生多是专业人员、公务员和商贾之后，同样优越的条件让这里的孩子，甚至老师都变得很势利。乔伊斯还是第一次见到人如此势利的样子。一次，一个高壮的同学打碎了他的眼镜，教导主任戴利神父却认为是乔伊斯为了逃避学习故意弄碎的，所以打了乔伊斯的手心。乔伊斯很气愤，便向校长康眉神父提出了抗议，这一次，他获得了校长的支持。也就是这一次，其他的孩子开始佩服他，不再欺负他了。

　　小乔伊斯不再受欺负了，学校生活的多姿多彩也渐渐引起了他莫大的兴趣，他在学校学习简单的英文、数学、拉丁文和宗教知识，老师多和蔼可亲，功课也轻松愉快，他开始不那么想家了。乔伊斯慢慢在学校安顿下来了，甚至有时还会乐不思蜀，就连要给家里的信也是校长应乔伊斯母亲的要求让他回复的。

克朗高士学校的宗旨在于培育有学识的天主教徒，使之能和他人协力在人世贡献一己之长。学校的教师多是耶稣会士，乔伊斯非常信服他们的业务能力。他在班里是学习尖子，不仅学校安排的统考科目成绩优秀，而且重中之重的宗教教义也是出类拔萃的，校长康眉神父对此印象深刻，他总会给乔伊斯鼓励，并且也一直尽己所能地给予这孩子帮助。在乔伊斯心中，康眉神父是一位和蔼可亲、彬彬有礼的人道主义者。

"过目不忘"用在乔伊斯身上似乎并不为过，他总是能很快把读过的诗歌或是散文烂熟于心，甚至能将见到的整个场景都保留在脑海中而历久不忘。后来，学校为了达到政府的要求修改了全部课程，耶稣会教学制度也变了不少，即使如此，乔伊斯在学习上依然是尖子生。1889年复活节那天，乔伊斯领了生平第一次圣餐，并在此之后荣任祭台助手。自从担任这一荣誉职位后，他在同学心目中身价大涨，也变得更有自信了。

乔伊斯不仅学习出色，而且体育也很棒。夏天一到，校内便盛行玩板球，这是乔伊斯非常喜欢的运动，乔伊斯对于板球的兴趣，即使在他成年后也依然不减。在学校，乔伊斯积极参加体育活动和比赛，还多次在跨栏和竞走的比赛中夺得奖杯。不过，乔伊斯不喜欢打斗，所以并不参加类似橄榄球之类的活动。

1890年秋天，校方从都柏林聘来专攻风琴的音乐家爱德华·赫顿。乔伊斯开始跟随这位名师学习钢琴。他弹得特别好，长大后，音乐也一直是他生命中喜悦和安慰的源泉。

学习、体育、文艺样样出色，小乔伊斯在同学们的心目中就是个小明星。虽然也有过因"言辞粗鄙"受罚的经历，不过，他还算是个模范生，在学校生活里也很合群。乔伊斯爱笑，行动随便，游戏也玩得很好，在班里不是资格最老的，却表现出幼年班老资格的自信心，他是同学公认的"班里最活泼的一个"。

在克朗高士上学的三年多时间里，乔伊斯得到的不仅仅是一个简单的童年回忆。他在学校里接受耶稣会教育。这套教学除了自成体系之外，还有浓厚的文学倾向。它既侧重拉丁文、希腊文阅读，也教授两种古典语文和英文之间的互译。虽然乔伊斯离开克朗高士时还只是个小学生，英文和拉丁文的基础语法还没学到，但是，在这里，他的想法已初具雏形，也学会了安排事物的方法，这一点对于他以后全面观察和判断事物起到了很大作用。

5．父亲的宠爱

乔伊斯是家里的长子，到12岁的时候，他已经有三个弟弟和六个妹妹了。虽然家里孩子很多，但父亲还是最偏爱乔伊斯。

乔伊斯并不是家里第一个孩子，约翰对第一个孩子的夭折非常悲痛，也许是乔伊斯的出生减轻了约翰的伤痛，也许是因为害怕再失去，也许是乔伊斯在出生伊始便带着某种与众不同，以至于约翰一直都非常宝贝他。

乔伊斯还很小的时候，父亲就常带他到家门口的小公园，给他讲魔牛掳走小男孩的故事。幼儿时期的小乔伊斯边听边想象着牛从附近的巷道经过前面卖柠檬糖果的铺子走过来的样子。父亲的故事为乔伊斯对爱尔兰最早的回忆画上了浓重的一笔。

乔伊斯家在布莱敦广场只住了两年，那时乔伊斯还小，对周围的事物没什么记忆。不过由于父亲好交朋友的关系，乔家与这个地区的联系因此维持了很长时间，乔伊斯也在这里交到了一些朋友。

后来，乔伊斯家搬到了布雷，稍稍记事些的乔伊斯就会常参与到父亲的活动中。父亲更是乐于在朋友前夸耀自己的长子。1888年6月的一天，约翰参加的划船俱乐部在昆斯罗路的爱德华·柏斯林饭店举行夏季音乐会，乔伊斯和父母同台演唱，这是乔伊斯第一次公开表演，欣赏他的观众不断地给予他掌声。这让他的父母非常骄傲，特别是父亲，因为这在很大程度上满足了他的虚荣心。

约翰以乔伊斯为荣，对长子表现出极高的期望，希望聪颖的乔伊斯能接受国内最好的教育。他想到自己曾是圣科尔曼学校里年龄最小的学生，就觉得不能让儿子再耽误下去。所以，约翰精心为儿子选择了学校，支付每年25英镑的学费，在爱尔兰最好的学校读书。后来，乔伊斯在学校学习钢琴，费用需要另外再付。用他自己的话说就是："不论这一家人有没有足够的东西吃，也给我钱去买外国书籍。"父亲总是非常乐于给予乔伊斯更多。

乔伊斯要一个人去外地上学了，他的父母花了几个星期的时间为他添置新装和精巧的皮箱。开学前一天，父母亲和外公陪他照了照片。在生活方面，父亲尽己所能地满足乔伊斯的要求，给予他最好的条件。不过，父亲对儿子绝不仅仅是生活上的宠爱，更多的是对他成才的期望——成为一个有地位的绅士的期望。这也是他为乔伊斯选择耶稣会学校的主要原因，虽然耶稣会士不怎么支持民族主义，却也都是绅士。

乔伊斯小小年纪却很快适应了学校生活，并且学习成绩出众，体育比赛也经常拿到奖杯……这些都让父亲满意并得意。每逢学校放假，当乔伊斯回到家里，全家人都对他宠爱有加，尤其是约翰会比其他家人显得更加兴奋。

乔伊斯一直都是父亲的骄傲，这一点从未动摇。

6. 第一首诗

自从万斯家搬离了马特娄街，乔伊斯家的生活似乎少了些什么，不过唯一不少的是"政治"。约翰是一个民族主义者，他从不对自己的信仰闪烁其词。自乔伊斯懂事起，"巴涅尔"便是一个常常听到的名字。

1800年，爱尔兰通过了与英国统一的法律，从那时起，爱尔兰由伦敦的英国议会统治。但是，爱尔兰在1846年到1849年间经历了一场大饥荒，而英国却袖手旁观。所以，爱尔兰人民开始了反对英国议会的独立运动，成立了很多政治组织。1877年，巴涅尔当选大不列颠自治联盟主席，要求土地改革，反对英国土地殖民政策，深得人心。

乔伊斯刚出生的那几年，爱尔兰正值多事之秋。1882年，一群自称"无敌者"的恐怖分子杀害了新任的秘书长和其助理。这一暴行，举国震惊，政府随即颁布新爱尔兰犯罪法。可是，由此引发的逮捕、入狱使得民怨加深、冲突日增。而且，当年便有近十万人移居国外，局势动荡不安。留下来的人，多数都认同巴涅尔的信念，认为只有脱离大英帝国，独立自主，爱尔兰才有希望，而土地改革就是爱尔兰自治斗争的序曲。

虽然社会动荡没有影响乔伊斯家的日常生活，但是政治却从来都是与乔伊斯家的生活密切相关的。约翰在做税务局工作之前，是在都柏林的一家联合自由党俱乐部做秘书，属于地方自治派。后来在政府部门工作，政治话题自然就更避免不了。

后来搬家到布雷，约翰的朋友约翰·凯利经常来家里住。凯利和约翰有着相同的政治信仰，都非常崇拜巴涅尔。凯利也曾因参加巴涅尔领导的土地同盟的暴乱多次入狱。虽然那个时候乔伊斯还没上学，不过却瞒不过事事留心的他。

1888年至1891年的三年间，乔伊斯在克朗高士上学时，每次放假回家，父亲和朋友凯利的谈论话题总是离不开巴涅尔。因为那几年正是巴涅尔不屈不挠的形象在爱尔兰大放异彩的时候。乔伊斯对巴涅尔的印象伴随着他的长大也越来越深刻了。

乔伊斯喜欢巴涅尔的冷峻仪态，当时的很多年轻人喜欢把自己想象成哈姆雷特，而乔伊斯则喜欢把自己想象成巴涅尔。不过，就在小乔伊斯变得越发崇拜这位英雄之时，这位爱尔兰的"无冕之王"却开始走上悲剧英雄的道路。

巴涅尔在爱尔兰有很高的声望，破坏他的名声似乎一直是对手所钟爱的。1889年，伦敦的《泰晤士报》刊登了一封据称是巴涅尔亲手写的信，对多年前发生的事旧事重提，污蔑巴涅尔。为此还成立了特别的调查会，案子在年底了结。信件是有人故意作假，线索是那人常写的一个错词。后来作假的人畏罪自杀，才还了巴涅尔清白。洗清是非的巴涅尔重获人心，声望达到了最高峰，追随他的人都深感欣慰。

这次胜利没过多久，丑闻又随之而来。政敌这次采用的手法触及人们的道德观——"私通"，巴涅尔被冠上了与别人的妻子私通的罪名。起初，巴涅尔还能顽强地保持党内的团结，但是不久之后，在这个信奉天主教的国家里，巴涅尔成了孤家寡人。无形的压力纷至沓来，似乎这种方式更能威慑人。巴涅尔遭到了所有人的背叛，即使他的副手蒂姆希利也不例外，这个在事件伊始还大声呼吁"他们不能离弃自己的领袖"的人。

巴涅尔倒台了，乔伊斯记住了"背叛"两个字。他和众多追随巴涅尔的人一样，认为巴涅尔的失败在于他遭到了背叛，而其中的坏蛋就是倒戈相向的希利等人。

约翰对巴涅尔的信仰是与日俱增的，他曾极尽所能地挽救这位"领袖"。他甚至在选举前，去游说在科克的房客，劝自己认识的所有人为巴涅尔投票。可巴涅尔现在倒台了，他心中积蓄的反教会怒火愈加炽烈，他把矛头指向了所有神职人员，骂他们是"光动嘴的家伙"，可现在他最恨之入骨的还是希利。有一次希利在大会上讲话，他怒不可遏地大声喊道："你是个大骗子！你无时无刻不在想着背叛他。"人们不得不把他赶出会场。

巴涅尔在1891年10月6日去世，9岁的詹姆斯·乔伊斯也和他的父亲一样愤怒。没过多久，小乔伊斯就写了一首抨击希利的诗，题目是《还有你啊，希利》。这也是乔伊斯的第一首诗，是乔伊斯第一次利用古代的典型来描写现代的事例，诗歌抒发了自己的悲痛和愤怒。约翰·乔伊斯则对这首诗爱不释手，还把诗印了出来在朋友间散发。可惜，印出的诗稿一份也没有留下来。只有最后的几句：

他高栖在时代的崖顶，

这……世纪的粗野聒噪，

再不能给他增添烦恼。

巴涅尔的倒台和约翰开始运道不济的时间非常接近。在巴涅尔失势的同时，都柏林公司法通过了，公司能够自行收税了。这多少开始影响到约翰的职务了，后来由于财务困难，就连乔伊斯都没办法上学了，他于1891年退学了。

第二章　充实的学生生活

1. 创作的开端

1891年秋天，乔伊斯继续回校读书，不过，这却是他在克朗高士的最后一个学期。开始上课没多久，大约在10月底，乔伊斯就休学返家了。

1892年初，约翰把家搬到了距离都柏林较近的地方——布莱克罗克的卡里斯福特道23号。房子的门廊有柱子支撑，门廊上面镶着一只大石狮子，宅院因此得名"利奥维尔"。

约翰将其他几个孩子都送进了修道会学校，却允许乔伊斯在家自学。虽然是年纪最长的孩子，可小乔伊斯身体单薄，留在家里既方便母亲照顾他的身体，也方便了母亲督导乔伊斯读书。在家的小乔伊斯读书依然非常用功，大约每隔一个小时，他就会向母亲报到，让母亲考核自己的功课。

乔伊斯在家读书的日子里，不仅学校功课完成得很好，而且也是从这时候开始了自己的创作。自从写了《还有你啊，希利》之后，乔伊斯就会经常写一些文辞华美的诗歌，还开始与人合作，创作长篇小说了。

与乔伊斯合作的孩子名叫奥伯瑞，是邻居雷诺家的老幺。奥伯瑞比乔伊斯小十个月，是一个新教徒。两人在同一条街上的同龄男童中，是一对死党。

乔伊斯的第一部小说，便是和奥伯瑞·雷诺合著的，只是现在他们写的那些东西都不知去向了。后来，国内动荡不安，奥伯瑞一家离开了爱尔兰，乔伊斯又一个人了。虽然作品已经遗失，合作者也离开了，不过与人合著小说的经历对乔伊斯的发展还是有很大的帮助。

在创作小说时，乔伊斯和奥伯瑞都深深地迷上了大仲马的小说，特别是《基度山伯爵》冷酷而扣人心弦的复仇故事。因此他们的作品也受到了这位法国作家的影响。

乔伊斯非常喜欢阅读。住在利奥维尔的一年多时间里，乔伊斯都是独立学习，也有自由的时间自由地读书。也正是在这里的这段空闲时间，很好地发展了他在克朗高士培养出的阅读兴趣。

乔伊斯那些日子尤其喜欢读大仲马的作品。因为在大仲马的作品里，乔伊斯既可以短暂地逃避现实，还能从中找到自己的目标。他的日子过得很悠闲，不过却因为没有同龄的玩伴而倍感孤独。也就是在这里，在这时，他养成了独立思考的习惯。

1892年底，都柏林市政当局接管了税务局，为提高工作效率，大多数雇员都得退休。不称职出了名的约翰自然也就进了退休之列。还是梅亲自到市政当局申诉之后，约翰才得到了常规的退休金。

离职的约翰不得不离开利奥维尔，开始寻找价格比较低廉的住处了。1893年初，乔伊斯家便搬到了都柏林，住在离蒙乔伊广场不远的菲茨吉本街14号的一所大房子里。孩子们这一次都被送到了面向贫民教育的北里士满街的公教弟兄会小学读书。乔伊斯也不例外。

从克朗高士小学退学后的两年，也是乔伊斯接受耶稣会教育的一个断档。这也是约翰一直挂心的事情，因为乔伊斯和自己一样的观点，都认为耶稣会士是天主教教育出来的绅士，而公教弟兄会则是天主教内说废话的人。他还是想让乔伊斯接受耶稣会士的教育。

很巧，一天，约翰在蒙乔伊广场散步时遇到了康眉神父。不过此时的康眉神父已经不再是克朗高士的校长了，而是贝尔弗迪尔学校的教务长，并且在当地也很有影响。康眉神父还记得乔伊斯，记得这个天资聪颖，学习、文艺出众的好学生。所以当知道自己之前的学生不得不读公教弟兄会学校时，他热心地答应，帮忙安排乔伊斯和乔伊斯的弟弟史坦尼斯劳斯在贝尔弗迪尔免费读书。

贝尔弗迪尔学校是一所有名的耶稣会学校。它建成于1775年，是第二代贝尔弗迪尔伯爵乔治·罗奇福德修建的，也是都柏林最好的18世纪建筑之一。知道能够在这样的学校免费上学，乔伊斯家的孩子都非常高兴，一家人都非常感激康眉神父。

2. "最著名的大龄学生"

1893年4月6日，乔伊斯走进了贝尔弗迪尔学校，他和8岁的弟弟一起入学，在那里上语法三班，比其他同学年长。后来，乔伊斯成了那一班最著名的大龄学生。

这是弟弟史坦尼斯劳斯的第一次正式入学，可对乔伊斯而言，有了在克朗高士的经验，这次重返校园，是既熟悉又陌生的。熟悉的是同样耶稣会士的教学氛围，两所学校都有充满传奇色彩的历史故事，而且教学课程、教学方法、教师观念也都大致相同。陌生的是，新学校只在上午上课，其他时间随意支配，或读书，或在自家附近的街道游荡。

乔伊斯入学时已是学期过半了，不过他很快就适应了新的生活。学习方面，乔伊斯因为突出的英文写作水平很快就引人注目了。对于一些老生常谈的作文题目：晒草要趁太阳好、乡间纪行、论恒心等，乔伊斯的应景文章总是会比其他同学高明。不过，乔伊斯的功课中，最具挑战性的，便是每周都要交给乔治·丹普西老师的习作。

乔治·丹普西是教英文作文的老师。他是平信徒，总是一副笔挺的身姿，上了年纪的他就像是一个退休的英国军官。丹普西衣着考究，上衣的口袋里总是插着一朵花，言谈举止也都属于老派风格。学生们总会不太恭敬地叫他"明白吗"，这是他的一句口头禅，不过他并不在意，总是微笑着。因为丹普西也知道，事实上，同学们都是敬重他的。乔伊斯也不例外。

丹普西对乔伊斯的评价很高，他曾以自己特有的风格和校长亨利神父提过，说小乔伊斯是个"满脑子都是思想的孩子"。后来，这位老师还和乔伊斯通过几年的信，建议乔伊斯将自己写的一些诗在校刊上发表。乔伊斯与丹普西的师生情持续了很多年，对他的影响也很深。

丹普西的评价和建议绝不是空穴来风，也许可以从乔伊斯的一篇周作文中看出端倪。十一岁的乔伊斯在每周的作文里有一篇这样的文章——《凡事莫信外表》：

最容易使人上当受骗的莫过于迷人的外表。夏天，阳光灿烂下的大海；秋天，万里无云的蓝天，都令人赏心悦目。可是，一旦大自然的狂风暴雨拍打起不和谐的鼓点，景色就大不一样了；当大海由白浪滔天转入风平浪静，在阳光的照射下波光粼粼时，景色又不一样了。然而，世上最表里不一琢磨不透的东西是——人和命运。卑躬屈膝、阿谀谄媚和目中无人、桀骜不驯的外表一样，都可以掩盖品行的卑劣。区区小运，灵光乍现。无论是骄傲还是贫困卑微的人，都曾经不住诱惑。这些都像大自然的风一样，飘忽不定。幸运的是，还有一种东西，能帮助你揭开面具看到本性，那就是眼睛。这是唯一能出卖你内心的东西，即使是铁石心肠、心狠手辣的人也不可幸免。眼睛会告诉我们一个人究竟是清白还是罪恶，灵魂究竟是邪恶还是善良。这是凡事莫信外表唯一的例外。而其他的一切，只有探究之后才能明白真正价值。高贵的身份或是民主的外观，不过都是"人"身后的影子。唉！那些巴结达官贵人的可怜虫是多么悲哀。命运无常——有吉星高照，有霉运当头。好运如幸福之使者，心旷神怡；霉运是灾难之先兆，惨不忍睹！在君王面前察言观色者不过是浩瀚星辰里的一颗星。由此可见，外表是虚无的。最无赖最卑劣的人当是伪君子，然而他最丑陋的灵魂隐藏在高尚的外表之下，鲜为人知。在你吉星高照时所来的朋友并不是为了你，而是拜倒在你的财富面前。然而，那些无野心，无财富，无奢靡却知足生活的人，却都能因为心胸坦荡、无拘无束而流露无法掩饰的幸福。

读乔伊斯的文章，就能知道，他不仅仅是具有丹普西所说"满脑子的思想"，而且也拥有一种直击人心的强大力量。对于那些寄希望在作品中找到可以流芳百世成分而无果的年轻人来说，也许会从这篇文章中找到力量，振作起来。因为文中传递的力量是来自于乔伊斯的内心，他在用心和人交流，只要用心看，就能读得到。

每一个刚刚入学的新生，也许多少都会对新的环境抱有一些幻想——新的环境如何与众不同，每日生活如何精彩……特别是对一所有着良好声誉、又有着传奇色彩的著名学校，乔伊斯也期待过能有不一样的生活。不过，传奇只存在于幻想中，现实生活依然是日复一日的功课，教室狭小而朴实，似乎所有的学校都一样。

乔伊斯在相同的生活里继续着学习的精彩，不过此时的他多了一个竞争对手。这位同学叫阿尔布莱希特·康诺里，他的出现让乔伊斯备感压力。有人说过：最好的朋友是最完美的敌人。乔伊斯和康诺里在学习上竞争着前进，是比赛的对手，不过也正因为水平的相当，两人都很了解彼此，日后也成了非常好的朋友。

乔伊斯的优秀水平很快得到了证实，不仅是在贝尔弗迪尔本校参加的1894年春季中级联考中取得了好成绩，而且在全爱尔兰各校学生都参加的预科考试中，乔伊斯也是最高奖得主之一，还得到了二十英镑的奖金。

优异的成绩让乔伊斯在贝尔弗迪尔学校的地位日益巩固，一时间，乔伊斯成了学校的"风云人物"，也成了语法三班"最著名的大龄学生"。

正当乔伊斯在学校的日子风生水起的时候，家中父亲的日子却越来越不好过。因为父亲丢了工作，家里的日子很快就变得捉襟见肘起来，贫穷迫使他们再一次搬家。就这样，1894年，乔伊斯家又搬到了德拉姆昆德拉的米尔布恩道巷。

3．北里士满街的回忆

1894年末，乔伊斯家又要搬家了。当父亲不得不离开米尔布恩道时，他又把家搬回了城里。他为自己以及靠他养活的十一个孩子在北里士满街找了处房子。现在的地方已经再不能和之前的房子比了。街道很短，还是个死胡同。但孩子们对这里再熟悉不过了，因为现在的家距离他们曾上过几天学的公教弟兄会学校只有几门之隔。乔伊斯一家越来越频繁地搬家，已经一连换了好几所房子了，现在北里士满街的这所房子比其他的相对要结实。

乔伊斯的几个弟弟妹妹都慢慢长大，每个人都渐渐表现出各不相同的个性：斯坦尼斯劳斯(大人们都会叫他斯坦尼)长得敦实健壮，脑壳圆圆的，比乔伊斯矮一点。斯坦尼总是一副表情庄重的模样，是个生性耿直、敢说敢干的孩子，这也是他终生都没变的性格。斯坦尼比乔伊斯小三岁，在年龄和理解力上也与他很接近，对他很崇拜，处处以他为榜样。他们两人是一起到贝尔弗迪尔学校读书的。

乔伊斯还有一个兄弟叫查尔斯，他活泼好动，却变化无常，是个凡事做了不少却又什么都没做好的人。最小的弟弟叫乔治，他和乔伊斯一样，是个非常聪明的孩子。几个妹妹性格差异不太大，玛格丽特酷似母亲，温良恭顺，也弹得一手好钢琴；艾琳爱激动，办事没有条理；玛丽不爱说话，是个贤淑恬静的人；伊娃和弗洛伦斯性格都孤僻内向，而最小的妹妹梅布尔却总是活泼好动。

兄弟姐妹几个虽然都知道家道败落，但他们又几乎都拥有那种豁然开朗的悟性，总是能表现出一种意料之外的身份。在乔伊斯家，男人是主角，女孩子则是"二等公民"。慑于父亲的严厉，女孩子都逆来顺受，男孩子里也只有乔伊斯才会受到特别照顾，其他的总会被冷落。父亲和他的朋友、家里的亲戚都理所当然地预言，乔伊斯一定会在某个领域干出一番事业。而乔伊斯，却只是看着、听着。这是他生活的一部分——家人和家人的状态。

北里士满街的街道不长，街坊邻居的事大家很快都会知道，这也是个热闹的地方，故事很多。一号院里住的是博德曼一家，埃迪·博德曼和乔伊斯岁数差不多大。那时候，博德曼是那一片儿第一个骑上充气轮胎自行车的人，这让他在整个都柏林北城都很风光，还有别的地方的少年专程跑来看自行车的样子。博德曼自然十分得意，经常骑着车子转来转去。

乔伊斯对此印象很深。虽然身边有这样吸引人的事情，自己也很羡慕，但那时候他却要在家里专心准备即将到来的中级考试。乔伊斯总会在心中鼓励自己：要勤勉用功才行，这样才能在考试中得奖，毕业以后还要去三一学院学医当大夫。小乔伊斯中规中矩的好学生形象在北里士满街也是出了名的。

内德·桑顿是住在街对过儿的一个品茶专家，也是伊芙琳的父亲。乔伊斯后来的作品《都柏林人》里有一篇就是以伊芙琳命名的。作品里的伊芙琳生活贫困，四处奔忙着养家糊口，一心想着离开爱尔兰，后来和相爱的水手约定远走高飞，可她却在临行前退缩了，想到自己年迈的父亲和对去世母亲的承诺，她歉疚也害怕了，并没有离开都柏林，依然进行着她日复一日的烦琐生活，只是这一次的留下使她再没有了离开的勇气。

邻居中还有在政府工作的人，他就是住在街深处7号院里的约翰·克兰西，都柏林的副行政长官。乔伊斯父亲的好朋友艾尔弗雷德·伯根是克兰西的助手，虽然和约翰·克兰西不太熟悉，但也知道了他的不少事情。有一件事，伯根特别喜欢和乔伊斯家人谈起。他说，在爱尔兰，很少有对刑事犯施以绞刑的事，可即便如此，只要有这种事，克兰西都会躲到伦敦，然后把工作都交给伯根处理。伯根当然也避之不及，还为此登过招绞刑手的广告。

······

　　这样的故事很多很多，似乎是每天都要上演的一出戏剧，在乔伊斯的家里也经常如此。而约翰就是家里的晴雨表。连年累月的拮据日子让他的脾气变得暴躁多了，状态不好时让人不寒而栗，有一次还要掐死孩子的母亲，家里闹成一片。可若是心情好就不同了，那时他就成了家里的大活宝了。

　　有一天吃早饭时，约翰读到了报上的一则讣告，名字和他们的一个朋友一样，梅很惊愕地叫起来："啊，卡西迪不会死了吧？"在一旁的约翰非常平静地，透过自己的单片眼镜盯着妻子回答道："死没死我不清楚，可是不过，有人很不客气地，不管三七二十一地把她给埋了。"听完这话，一向安静的乔伊斯也不禁被逗得失声大笑起来，后来还一再和同学们提起父亲说的这句笑话。

　　每次到了星期天，父亲总会忙着打发老婆孩子去望弥撒，然后自己在家待着。等两个大点的孩子回来时就一起去散散步。约翰给两个儿子讲着都柏林的各色人物，还会指给他们看看斯威夫特曾经住过的地方、告诉他们威廉·王尔德爵士的外科诊所在哪里、爱迪生散步的地方……父亲好像无所不知，对一切都了如指掌一般。其实这些，除了他从别人那儿听来的之外，很多都是他当税务员时积累在记忆中的，只是他很善于将这些变为自己的。

　　这个时期的乔伊斯，性情也有与众不同之处，不过也都是只表现在一些鸡毛蒜皮的小事上——大家庭，机会不多。在一个烤薄饼日，当锅中的薄饼吃得只剩一个时，四个男孩一起扑了上去，结果乔伊斯一把将饼抢到手里，还在楼梯上跑上跑下，告诉追着他的几个弟弟说他已经把饼吃完了。等到弟弟们都信以为真时，他又不慌不忙地把饼拿出来，当着他们的面大口大口地吞了下去。

还有一次在街上，乔伊斯看到孩子们拿着一个破布娃娃当足球踢，他就建议那些孩子们玩比较像样些的橄榄球游戏，提高游戏的档次。结果，当他在铺砌着坚硬石头的人行道上摔了一两次后就不再那么积极了，反倒是很快就退下来，成了一个指手画脚的观众。住在附近的一个叫麦金蒂的孩子总会叫他"了不起的乔伊斯"。

　　在北里士满街住的那段日子，乔伊斯喜欢上了散步，喜欢远得不得了的散步，小艾尔弗雷德·伯根常会陪他一起。每次出行，乔伊斯总会时而亲切友善，时而沉默寡言。一次，两人走了很远的路后沿滨海路返家。一路上，乔伊斯都没说一句话，显得心事重重的样子。直到走到海堤上，看到一些海鸥吃食时，他才对伯根说了一句："海鸥长得漂亮，但太贪婪。看它们抢掠食物时那互不相让的样子。"说完这句意味深长的评价，两人就各自回家了。

　　乔伊斯总是一副庄重的大人的样子。一次，他和伯根一起去一个朋友家做客，可朋友家五六岁的女儿刚看到他们就没完没了地哭起来，乔伊斯一时慌了神，不知如何是好，最后竟拿起一本书装模作样地给那孩子读了起来。后来朋友进来，边哄孩子边说："谁惹你了？爸爸的小亲蛋蛋，你是我们家仅有的一点阳光……"听完这话，乔伊斯看了一眼伯根，然后无奈地叹了口气。

　　乔伊斯在北里士满街也认识了新的"小"朋友，布伦丹·盖莱赫，只有六七岁。一天，布伦丹和母亲一起去了乔伊斯家。乔伊斯带布伦丹到厨房，递给他一个硬纸盒。盒子的前面可以开合，里面暗藏几个滚轮。当确认布伦丹已经目不转睛，准备观看时，乔伊斯便开始摇动曲柄，于是一幅幅花哨的彩图呈现在布伦丹眼前，有南安普敦港、埃及金字塔和其他一些壮丽景观。

　　演出结束后，乔伊斯一本正经且很大方地对布伦丹说："带走吧，归你了！"整场演出的气氛很好，两人都很愉悦。播放图片好像就只是一场大剧中的一幕，而真正演出的主角只有乔伊斯和浑然不懂事的布伦丹两个人。而这似乎也表明，乔伊斯具有戏剧特长，与生俱来似的。

4．第一本诗集

在贝尔弗迪尔的前两年，虽然搬了几次家，但乔伊斯心情一直都不错，也把心思都放在了学习上。刚上学的第一年，乔伊斯需要选学除拉丁语和法语外的第三门语言。当时母亲劝他学德语，父亲劝他学希腊语，而乔伊斯则选择了学习意大利语。因为他一直觉得意大利语是现代语言中的灰姑娘。不过他最拿手的科目还是英文。

每年的年中联考是在六月份，乔伊斯也都会为此精心准备。他的勤勉努力已经使他在考试中得到过了奖学金。家里人也总是对他的考试非常重视，会让他独享一间屋子来学习。

乔伊斯得到的第一笔奖学金有20英镑，是在1894年，第一学年时，全爱尔兰各校学生都参加的预科考试中获得的。他是最高奖得主之一。当时，奖金由市政府发给了乔伊斯的父亲。后来父亲又将钱给了乔伊斯，让他爱怎样花就怎样花。乔伊斯的花钱观念和他父亲差别不大，都是大手大脚的，一点都不算计。所以，当乔伊斯拿到自己的奖学金时，他就很随便地把钱借给兄弟姐妹，还出手很大方地请父母去看演出、下馆子，毫不吝啬，家人也都在这时候再一次体味到了他们已经负担不起的奢侈生活。

"只要乔伊斯得到奖学金，我们就可以好好地奢侈一番。"这仿佛在一开始就是必需的了，考试得奖学金并不是乔伊斯个人的事情，而是全家人的事情。乔伊斯负责考试，然后大家一起享受奖学金带来的一段奢侈日子，似乎是这样。一天晚上，当乔伊斯专心致志地看书时，约翰却突然大声问道："如果得了奖学金，你想要什么？"乔伊斯头也没抬地回了一句："两块肋排。"然后又接着埋头读书了。

乔伊斯的勤奋学习换来了成果，第二学年的年中联考又得到了奖学金，同第一年一样，都是20英镑，不过这一次获得奖学金会连给三年。乔伊斯连续两次拿奖，不仅校方保存了他的成绩，而且还吸引了别的学校的人来招揽人才，提出优惠的条件——提供食宿、免收学费，父亲要儿子自己决定，乔伊斯便不假思索地回了一句："我是从耶稣会开始的，也要以耶稣会告终。"

此时的乔伊斯正如自己所说的那样，人的心理发展也会像身体的成长一样，会有从少年转入青春的时刻。一向是模范学生的乔伊斯，在第二学年期末的时候，怂恿弟弟斯坦尼和自己一起从贝尔弗迪尔逃了一天学。两个人沿着河岸，一直走到了鸽子楼——都柏林市的供电厂，回来时，在路上还碰到了一个同性恋的人。那人后来也出现在乔伊斯的作品里，似乎此时便已预示着乔伊斯即将步入成人世界了。

青春期的叛逆就是如此吧，开始时也许行为并没有明显的表现，但是内心深处却早已不愿意了。乔伊斯也经历着这样的过程，在学校一直表现突出的他在1895年被接纳为圣母玛利亚兄弟会成员，第二年9月份又被选为执事。而在这期间，乔伊斯也经历着内心的混乱与矛盾。十三四岁的乔伊斯开始对女性有了好奇，但却非常在意自己的表现，在对于宗教信仰的虔诚和尊重自己情绪之间，他很矛盾，也很痛苦。

出现这种复杂心情的时候，乔伊斯最开始选择的是忏悔，为表示自己的虔诚，他也迫切地想要净化自己的操行来维护自己的名声。他不停地祈祷和修炼，努力地使自己的情操臻于完美。这样洗心革面地生活了没多久，大约到1897年的时候，他反思自己的"忏悔"行为，开始认识到——即便天主教教义能触碰自己心里最脆弱的一部分，但由此说出的忏悔却不可能是真诚的。

乔伊斯知道，自己必须做出选择，在承受一次次的良心谴责和离经叛道以求得情欲解脱之间。在一次次的拉锯战中，乔伊斯越来越坚信自己的想法了，他说，在信仰上，我不会在天主教教义面前屈尊低头；在性格上，我也不会在其他人面前屈尊低头。就当乔伊斯在宗教教义这条路上做出选择的过程中，新的心路历程也在悄悄萌芽——对艺术的信仰越来越强烈。在贝尔弗迪尔，他开始写散文和诗歌了。

一开始，乔伊斯写过小说寄到杂志社，不过那时还只是为了赚钱。他也开始写一系列散文体随笔。随笔都是采用第一人称手法写成的，后来集结成册，命名为《剪影》。乔伊斯的第一本诗集也是在这段时间完成的。

乔伊斯的第一本诗集取名《心境》。他这一时期的诗作多受叶芝的影响，从诗集的名称上就看得出来，叶芝在自己的早期作品中坚持认为，"心境是抽象的现实，需要靠艺术家来固定。"和《剪影》一样，《心境》也佚失了。只留下了一篇他翻译的贺拉斯的《班达西亚泉》。

> 班达西亚的泉水清醇明媚，
> 因为美酒和鲜花在这里交会。

明天一头小公鹿将来争雄，

英姿挺立而情意绵绵。

他那轻率狂妄的猩红雨水，

玷污你的清流却只是徒然。

天狼星季节天威盛怒，

烈日炎炎你安然流淌，

疲倦的耕牛四处晃荡，

你给了它们宜人的清凉。

我歌唱，圣洁之泉!

险崖上一棵橡树在聆听，

流水淙淙，回声阵阵。

虽然乔伊斯积累的驾驭语言的能力还不足以和贺拉斯相提并论，但是对于完成课堂作业来说，就再容易不过了。

5. 易卜生的影响

乔伊斯在贝尔弗迪尔上学时是个循规蹈矩的孩子。在学校，他成绩优异，是学校里的优秀学生；放学后，除了偶尔去夜市区，他的交际场所几乎集中在国会议员戴维·希伊的家里。课外生活过得还很丰富。

希伊家住在贝尔弗迪尔街2号，每月第二个星期日晚上都会向那些活泼的孩子们开放。戴维·希伊夫妻两个总是鼓励孩子们到他家做客，和他们以及他们的六个孩子玩在一起，乔伊斯和斯坦尼都是希伊家里的常客，两人还曾应希伊太太的挽留，在他们家里留宿过。

理查德·希伊是个胖乎乎、风趣幽默的小男孩儿，也是希伊家里和乔伊斯关系最好的。尤金是希伊家另一个男孩儿，他比乔伊斯低一年级，两人的关系也不错。玛格丽特、汉纳、玛丽和凯瑟琳是希伊家的四个女儿，乔伊斯对最漂亮的玛丽一往情深，这种藏在他内心深处的情感持续了好多年，不过玛丽并未察觉，在乔伊斯面前一直是彬彬有礼的，而乔伊斯和她的兄弟们相处得还自在些，面对她时，反倒会因为羞涩而变得拘谨。

聚到希伊家时，大家都会唱歌和猜游戏。乔伊斯也会经常为此准备新歌，有爱尔兰的、法国的、英国伊丽莎白时期的……他总会挑自己喜欢的一些幽默风趣和带有伤感情调的歌曲，偶尔也会唱自己写的诗。乔伊斯不会谱曲，却总能够用耳朵演绎最优美的旋律。

希伊家最常玩、最喜欢的游戏是猜字谜，有时也会自己排演一些滑稽戏或滑稽歌剧，还玩过有关地名的游戏……乔伊斯几乎每样都做得很好，也很喜欢玩这些闹着玩儿的游戏，不过他在学识智力方面已经把他的同学远远地甩在了后边。

渐渐地，一向过着虔诚驯顺日子的乔伊斯开始发生了变化，他开始按照自己的意志学习和思考。他以飞快的速度博览群书，只要是喜欢上了哪个作家，他就会一口气把这个作家的作品全部读完。

让他倾心的作家很多，其中有乔治·梅瑞狄斯和哈代，乔伊斯对梅瑞狄斯的《理查德·弗维莱尔的苦难》和《悲惨的喜剧演员》简直是爱不释手；他到附近的图书馆借哈代的《德伯家的苔丝》，读起哈代的书来兴味十足。不过，由于图书管理员对约翰提出警告，说乔伊斯在看"危险的书籍"，乔伊斯不得不对父亲保证，但过后他又打发斯坦尼帮他借书。因为乔伊斯始终对哈代不取悦世俗的精神满怀敬意。

不久之后，乔伊斯接触到了易卜生的作品，不过，这个作家的作品却让他感受到了压力。易卜生当时已经70岁了，是来自于挪威偏远山区的一个天才。他是在英格兰享有盛名的剧作家，不过在爱尔兰却没那么出名。很多爱尔兰人对他既有热情的拥戴，也有轻蔑和鄙视。

《雅典娜庙》认为易卜生的作品是不道德的，所以不喜欢他；就连当时爱尔兰最著名的诗人、剧作家和散文家威廉·巴特勒·叶芝都认为，易卜生的作品除了晚期的一些象征派戏剧外，其他的都是一些中产阶级的陈旧作品。而乔伊斯对易卜生的作品却有自己的不同见解。他看到易卜生有一种具有倔强孩童之美的精神，并且感到这种精神"像刺骨的寒风"直入他的骨髓一般。

与叶芝认识、感知的易卜生的不同，让乔伊斯感觉到压力，这种不能明确坚定自己的看法与想法的感觉也让他困惑。因为那时候，乔伊斯在很多方面也受叶芝的影响。而对易卜生却只是通过译本来了解的。

不过，乔伊斯也在这个时候听到了拥护易卜生的声音——萧伯纳，他也是当时爱尔兰的著名剧作家。萧伯纳在《易卜生主义的本质》一书中，赞扬了易卜生是在向传统道德观念宣战。乔伊斯正好读过萧伯纳的这本书。他感觉得到，易卜生的讽刺是与理想主义息息相关的，他将艺术家的诚实做到了几乎否定自己的程度。意识到这一点对乔伊斯是一种莫大的鼓舞，他在自省自励中获得了巨大的肯定自我的力量。

对于乔伊斯而言，易卜生具有大天使般的形象。他和易卜生一样，都认为真理与其说是一种启示，不如说是揭开假面具，真理是一种判断和揭露。乔伊斯赞许易卜生特立独行的品格。他懂得，正是如此，易卜生才将自己称为流亡者，离开了故土。流亡似乎才是艺术家的生活条件。

由于深受易卜生的影响，乔伊斯也坚定了自己对于戏剧重要性的认识。那个时候，乔伊斯并没有尝试戏剧写作，不过，他会经常在自己财力范围内，尽可能地多去剧院看戏，并且还会将自己看过的每一部戏的戏评写出来，方便和报刊评论家的评论进行比较。

有一次，父母陪乔伊斯一起去看了一出苏德尔曼的《玛格达》，回来的路上，乔伊斯的父母便讨论刚刚看完的这部戏。乔伊斯接过去说："其实这戏你们用不着看。它主要讲的是，一个人家里出了个天才，而天才总是和家里人格格不入。这不是你们自己家里也有的事吗？"

易卜生对于乔伊斯在艺术方面的影响，就好比，年幼时候的乔伊斯在民族感情上，巴涅尔对他的影响和触动。

6．16岁，毕业了

乔伊斯一直是学校里成绩优异的学生，家里的学习好样的孩子，每年都能拿到奖学金，约翰最骄傲的长子。只是，表面平静的湖水下已有了波动。乔伊斯的思想也开始越来越成熟和独立了。

乔伊斯从1894年在贝尔弗迪尔上学，除了1896年因为年龄不足，没能参加年中联考，其余年份都有考到不错的成绩，拿到奖学金。特别是1897年，乔伊斯考出了自己在贝尔弗迪尔的最好成绩——上榜的49人中名列第十三位。他这次得到的奖学金是30英镑，并且连续给两年。此外，乔伊斯还获得了全爱尔兰本年级最佳英语作文奖，奖金3英镑。这一成绩也让乔伊斯成了贝尔弗迪尔学校里最优秀的学生。

1897年下半年，乔伊斯迎来了在贝尔弗迪尔的最后一学年的生活。在高年级的这一年里，乔伊斯还成了学生会的会长。每次遇到同学们派代表和校长交涉多放一天假的时候，乔伊斯总会第一个被推出去。

　　乔伊斯在学校里越来越"特立独行"了。他已经和天主教决裂，不去理睬学校的宗教教育。乔伊斯凭借着优异的成绩，在学校里很有声望。不过在学习方面，进入高年级班的乔伊斯只是顺水行，而没有太多努力，也开始变得不按时到校了。有时，就连最喜欢他的英语作文老师登普西也很恼火。一次，登普西要乔伊斯去找校长亨利神父报告自己的恶劣表现。

　　后来他被亨利教训了很久，可他却只是"一副死不悔改的样子，一声不吭"地听着而已。

　　乔伊斯总是会戏弄亨利，而且手段也变得越来越多，越来越高了。班里的同学也总想着让乔伊斯向校长提一些教理方面的问题，借此打发课上的无聊。后来，乔伊斯参加学校里的演出，上演的是安斯蒂的《彼此彼此》，主题是父与子的矛盾。一些朋友就怂恿他在演出中模仿校长，不然演出就太乏味了。乔伊斯在戏中将校长的举止模样表演得惟妙惟肖，逗得观众捧腹大笑，就连亨利本人都承认喜欢他的表演。

　　在这样"自由"的状态里，乔伊斯却感觉自己像是一座被包围的城堡一样，他需要不断地拒绝敌人提出的诱惑，有关光荣和解的。一是身体健康方面的，一是民族复兴方面。

　　贝尔弗迪尔开设了一个健身房，并在学校里进行了大量的体育锻炼的宣传。乔伊斯也参加锻炼，还当选了健身房的干部，单杠上的引体向上做得很好。但他并不想通过锻炼来争取健康。他觉得这种身体上的长进与其他形式上的长进和"精神修炼"差不多，都是靠不住的。一天，乔伊斯故意佝偻着腰去健身房，还对教练赖特说："我来治病了。"

另一个抵制是民族复兴的宣传。乔伊斯虽然并没有想要全盘接受自己的民族，但自己是巴涅尔的拥护者，却只愿意把过去的创伤藏在心底。1897年10月6日那天，为纪念巴涅尔的祭日，乔伊斯特地在领口位置别了一片常春藤叶子去上学。学校的一位老师劝他在校内的时候把叶子取下来，等到了校外再戴。

最后还有一个说服他的声音，来自于学监的建议——将来做个神父。神职此时已成了束缚自己灵魂的桎梏和蒙蔽心灵的荫翳，乔伊斯最终义无反顾地选择了艺术，抱着即使前途毁灭也在所不惜的决心。

一学年就在这样的"挣扎"里接近了尾声。乔伊斯很快就要从贝尔弗迪尔毕业了。学校的教义问答考试定在了1898年6月14日进行，乔伊斯在最后关头却没露面，亨利对这种公然违纪的行为非常反感，拒绝接受他的任何辩解，还禁了他的考试资格。后来幸亏有语法老师麦克厄莱恩的求情，亨利才改变了主意。不过，那次考试，除了英文之外，他的成绩都不好，也没有像之前几年那样拿到奖学金，只有额外赢得了英文作文奖，得到了四英镑的奖金。

在贝尔弗迪尔的四年时间，乔伊斯收获颇丰，学业上，英文和其他三门外语都有了极大的提高，受到了很好的教育，另一方面，学校也为他那躁动不安、精神状态起伏大的情况提供了一个端庄稳定的背景。乔伊斯由此确定下自己的行为准则。

第三章　快乐、快速成长

1．特别的老师，别样的朋友

1898年6月，乔伊斯从贝尔弗迪尔学校毕业，9月，乔伊斯进入皇家大学都柏林学院，学习语言和哲学。

都柏林学院始建于1853年，开始时称天主教大学。大学是由约翰·亨利·纽曼创立的，创建初期并不稳定，处于试验阶段。后来约翰觉得难以为继，于1857年辞去院长职位。之后长达十五年的时间学校都处于既无私人捐助又无官方支持的状态，只能勉强维持。学校内的一些主要设施——主楼和其他的房子也变得颓败、光彩全无了。新校长的宏大计划也未能实现……在乔伊斯入学那会儿，正是学校力求做出成绩的时候。

高等教育的发展在爱尔兰开始受到重视，政府在1897年通过了一部大学法案。但这部法案对于都柏林学院却是一种希望，对乔伊斯世纪末这段时间在大学的学习也定下了基调。

政府制定法案时，意识到对于多数信奉天主教的学生来说，原有的三一学院不仅小，而且新教气息浓重，所以，法案巧妙地提出支持大学学院（取代原天主教大学的新名称），但大学学院不能作为一个独立单位，而是皇家大学的一部分。皇家大学下设都柏林、科克、戈韦尔等多个学院，由大学统一安排考试，并且考试科目是非宗教的，原因是不想让学生花太多时间学习天主教的知识，否则就会在成绩上吃亏。

都柏林学院在1883年由耶稣会会士接管，新的院长是威廉·德拉尼神父。德拉尼神父是爱尔兰最具实力的天主教教育家之一，但学院并没有引进太多的宗教教育，对于其他天主教团体加强宗教课程比重的要求，他也不为所动。对于与天主教决裂的乔伊斯来说，这无疑是一件令人开心的事情。

事实上，乔伊斯在学院里遇到的老师以及结交的朋友都对他影响颇深，与他们的相处让乔伊斯在大学校园里的日子过得快乐且充实。

三一学院距离大学学院只有半英里，不过，大学学院的学生似乎都意识到，半英里外的三一学院有着更优秀的老师。古典文学上，都柏林学院古典文学的首席教职——杰勒德·曼利·霍普金斯一直都是古典文学的权威，自从他去世后，三一学院的马哈菲和蒂勒尔则成了权威，他们的学问远在大学学院同行之上。英文教授方面，三一学院是才华出众的爱德华·道登，在乔伊斯入学的时候，大学学院则是年老虚弱的托马斯·阿诺德。

在找到合适的人选接替英文教授阿诺德之前，教务长约瑟夫·达林顿神父曾带过乔伊斯一段时间的英文课。达林顿对于乔伊斯博览群书也有所耳闻，所以，刚上第一节课时，他就提到一个剧本——斯蒂芬·菲利普斯的《保罗和弗兰西斯卡》，问有没有知道这个剧本的，班里的同学都面面相觑，没有声音。于是，他就特意点名问乔伊斯："乔伊斯先生，请问你读过这个剧本吗？"就听乔伊斯厌烦地说了一句："读过。"以后就几乎没有来上过达林顿的课。

乔伊斯不喜欢达林顿这个人，认为他为人阴险，尽管很多人并不觉得他有害人之心。达林顿对乔伊斯也有自己的看法，但他人很圆通，从没想过用强硬的手段整治乔伊斯。两个人的关系很奇妙，达林顿用不赞同却宽容的眼神跟随了乔伊斯大学四年，而乔伊斯却用不赞同而宽容的眼光永远地跟随着达林顿。

乔治·奥尼尔神父是乔伊斯的第三位英文老师。乔伊斯对奥尼尔神父极端支持培根是莎士比亚戏剧真正的作者的观点有过相当长时间的兴趣，后来还在学院举行的公开讨论中大加嘲弄，非常直接地表达了自己对老师的情绪。

乔伊斯很幸运，无论在贝尔弗迪尔还是在大学学院，他每一个阶段都遇到了和自己意气相投、不存偏见的老师。在大学学习意大利语和法语时，乔伊斯幸运地跟随着这两种语言的本族语的老师学习。意大利语老师是一个耶稣会会士，名叫查尔斯·盖齐，他曾在印度长住，后来到爱尔兰，他传授给了乔伊斯有关但丁和邓南遮作品的基础知识。法语教授叫爱德华·卡迪克，是一个留着浓密胡子的布列塔尼人。他同盖齐一样，都认同乔伊斯的天赋。

乔伊斯和盖齐经常会就哲学和艺术问题进行热烈的讨论。乔伊斯推崇但丁，但对弥尔顿非常不屑，也会表示强烈排斥。后来，除叶芝外，乔伊斯每次向其他爱尔兰作家阐述自己这一观点时都会遭到别人的怒视。那时在学校里，盖齐就并不在意，反倒会鼓励乔伊斯将自己的审美情趣形成自己的理论。

对于邓南遮的作品，乔伊斯认为，《火焰》是自福楼拜以来，最重要的一部长篇小说，而且还是对福楼拜的一种发扬光大。虽然乔伊斯的小说与邓南遮的有很大区别，但在使用"怪异词语"方面却很相像。乔伊斯对邓南遮有很深的研究，最后就连神态都变得很像。

由于非常喜欢意大利语，乔伊斯也会去读一些意大利诗歌和故事，涉猎广泛。不仅对于文学派别的争鸣感兴趣，还发现了一位哲学大师焦尔达诺·布鲁诺。乔伊斯被这位盖齐口中的"异教徒"的终极一体理论和对地球上的对立面理论吸引了。这也许是由于乔伊斯从布鲁诺的理论中，认识到自己的艺术其实是对自己对立思想的一种调和。

乔伊斯还研究过托马斯·阿奎那，知道托马斯的信条是——美好的事物让人产生愉悦感。所以他想过以这个为基础，将教诲摒弃在艺术目标之外。当他略去"善"，只提出真和美时，只有盖齐依然对他表示同情，因为那时他面对的是太多人的指责与不理解，都觉得他宽容不道德的艺术，而事实上，乔伊斯只是反对狭隘的说教。

类似的事件经历多了，乔伊斯感受到盖齐真心地支持和同情自己，心中甚是安慰和踏实，盖齐在乔伊斯心中，是个仁慈善良的人。而盖齐因为理解乔伊斯，理解他与众不同的审美情趣，所以一直都宽容他，同情他遭遇的不理解，总是为他提供喘息的空间。两人始终保持着这种友好与默契。

乔伊斯对待法语老师的心情则不同了。他觉得在卡迪克的课堂上装傻充愣很有趣，有时还会和别的同学一起联手耍些小把戏戏弄老师。卡迪克和盖齐同样接受乔伊斯，但方式有所区别，盖齐是包容，而卡迪克则是平等视之，没有隔阂地看待乔伊斯，平等和公正，这也是乔伊斯喜欢他的原因。

一次，卡迪克读了乔伊斯的论文《钟》之后，内心充满了喜悦，不仅文体切合主题，而且对于词语的精细程度也做到了让人惊叹的地步。卡迪克高兴地嚷嚷起来："就凭用词这一点，我也想把自己的女儿嫁给你。"

乔伊斯是16岁入的大学，在大学不仅有风格各异的老师，也认识了不少非同一般的同学以及相处得不错的朋友。

克兰西是大学学院盖尔语协会分会的建立者之一，还是个盖尔人体育运动的积极参与者，是个对民族运动方方面面都有极大热情的年轻人。克兰西曾说服乔伊斯上爱尔兰语课，带乔伊斯去见盖尔人运动联盟的创始人……虽然乔伊斯没去上几次课，也讨厌那个什么联盟的创始人，但他这位单纯和自然的朋友却是让乔伊斯感觉很亲切，因为，克兰西是同班同学中唯一直呼他名字的人。

乔伊斯将弗朗西斯·斯凯芬顿称为"长毛耶稣"，原因是斯凯芬顿为反对剃须，留了满脸的胡子。他比乔伊斯大四岁，是乔伊斯承认的，在大学学院中除自己以外最聪明的人。斯凯芬顿在大学里是个反对偶像崇拜的斗士。蓄须只是其中一种，他还反对千篇一律的穿着，抨击喝酒、吸烟之类的活动……也是有名的请愿活动的发起人之一。

一次，斯凯芬顿曾劝说乔伊斯在支持俄沙皇的和平计划请愿书中签字，乔伊斯反驳道："如果你想要有个耶稣，那也该找个合法的耶稣。"乔伊斯喜欢用这种方式去刺斯凯芬顿的盔甲，而斯凯芬顿则是用直截了当的方式诱使乔伊斯和自己辩论。两人虽然在认识上有差别，但是这种不同也以另一种方式互相影响着彼此，所以两人一直都相处得很好。

在乔伊斯眼中，斯凯芬顿是个聪明也固执得有趣的人。一天，乔伊斯要斯凯芬顿去街上最贵的一家水果店买东西，拿一镑金币买半便士的醋栗，如果斯凯芬顿做到的话，乔伊斯要付给他半克朗。乔伊斯是想试试固执的斯凯芬顿真能坚守各种权利吗？后来乔伊斯输了，但他一直在店门口看着货主一脸的不高兴和斯凯芬顿不管不顾的样子，忍不住哈哈大笑了好一阵。乔伊斯也总是爱逗一逗这个"可爱"的朋友。

托马斯·凯特尔是唯一一个和乔伊斯讨论托马斯·阿奎那的朋友，乔伊斯多会欣赏和赞同这位朋友的一些观点，比如说，"爱尔兰必须首先欧洲化""阿奎那作品的难点在于，他说的话和街头市井之流太相似"……

康斯坦丁·柯伦是乔伊斯眼中的聪明人，他心地善良，隐忍自制，还很虔诚。乔伊斯一向尊重这位朋友的文学艺术观点。

当然，乔伊斯的朋友里，有聪明人，也有糊涂人。文森特·科斯格雷夫就是乔伊斯朋友中一个办事粗心大意，脑子好用却缺乏教养的人。科斯格雷夫很早就对乔伊斯有了非常敏锐的评价。他说，乔伊斯是我们遇到过的最杰出的人物。乔伊斯经常邀他一起散步、聊天，每次科斯格雷夫都会陪他。

而在大学中，与乔伊斯关系最密切的朋友是约翰·弗朗西斯·伯恩。他们一起在贝尔弗迪尔上过学，但那时没有什么交情，也很少见面。不过，一起来到大学学院后，伯恩却成了对乔伊斯有很深影响的人了。

伯恩长得英俊潇洒，身强体健，也是个头脑聪明的人，但对功课的漫不经心比乔伊斯有过之而无不及。也许在一般人眼中，伯恩并没有什么特殊之处，想法也平庸。可乔伊斯却能到另外一面，认为伯恩有在这个浮华社会中甘于平庸的勇气，思想也是有胆识的。而且伯恩的"态度"是非常引人注目的。这也是对乔伊斯影响非常大的，每当乔伊斯将自己全部想法向他坦言时，伯恩都会平静地听着，从不发表任何评论，也没有劝勉的话。

乔伊斯对伯恩近乎依赖，极其看重两人之间的友谊，有时候为了和伯恩说会儿话，都会耐心地等很久。

乔伊斯进入大学学院的时候已长成大人模样了，身材修长，样貌清秀。思想渐渐成熟的他开始对家庭、教会和国家这些实体都有了自己的立场。乔伊斯在慢慢地展示自己崭新的生命。

第一学年在新鲜中接近了尾声，有关爱尔兰戏剧运动的争论成了最后的压轴事件。1899年5月8日，叶芝的剧本《伯爵夫人凯瑟琳》首次上演。在上演之前几周，一个连剧本都没有读过的红衣主

詹姆斯·乔伊斯传

教说这出戏离经叛道，马丁就几乎撤回了自己的财政支持，但教会中另有些人提出反对意见稳定马丁。当时的乔伊斯视叶芝为爱尔兰最重要的作家，戏剧首映时，他是坐在剧场顶层座位上的，并且都在热烈鼓掌，整场演出让他感动不已。

朋友们和乔伊斯的意见不同，在演出结束后就写了抗议信，还打算投到《自由人报》上去。乔伊斯拒绝在抗议信上签字。他的拒绝遭到了朋友们的反对，只是他依然坚持，如果爱尔兰想要不成为"后欧洲国家"的话，她就得允许艺术家享有自由，还要对神职人员有所控制。

争论结束后，乔伊斯也迎来了第一学年的期末考试。不过他并没有取得好成绩，因为他没在学习上花多少时间，学业上的成就已经对他没有太多吸引力了，就连最拿手的英语作文也只是敷衍了事。最后只在拉丁语考试中得了一个二等奖。

2. 至关重要的一年

在都柏林的第二学年很快就开始了，这也是乔伊斯一生中至关重要的一年，1899到1900年。

1899年10月9日，乔伊斯在开学不久就提出了自己会在隔年1月发表一篇题为《戏剧与人生》的论文。之后的几个月里，乔伊斯便全身心地投入到论文的写作中去了。

文学与历史学会是和学院本身一样的，是由纽曼创立的。学会的活动有过一段时间的断档，后来，1897年，斯凯芬顿重新振兴了学会，担任了它的第一任审计员和主要召集人。凯特尔在第二年便接替了斯凯芬顿管理学会事宜。校方不容许学生在校园内公开谈论政治，所以，学会一般的演讲题目都是关于文学或社会的。

乔伊斯在入学第一年就参加了院里的文学与历史学会，积极参加协会里的活动。1899年2月，乔伊斯便当选了协会的执行委员，3月就被提名担任了协会的会计，但参加竞选时输给了人称"雄辩小子"的沃尔什。不过，乔伊斯还是在会里非常活跃地参与论文的讨论，有时批评别人的，也有时被别人触动。

阿瑟·克列利曾在学会中宣读了一篇论文，讨论的主题是"剧院的教育价值"。本来只是一场普普通通的讨论，但却触怒了乔伊斯。

克列利以《麦克白》为例，竭力赞美希腊戏剧，并且主张复兴莎士比亚戏剧，因为克列利认为，剧院在让人们受到影响和得到娱乐的同时，最终目的应该是表现崇高的东西，而现代的舞台已经堕落。他在陈述自己观点时还特别声称：亨利克·易卜生的影响是恶劣的。他与乔伊斯的观点本就格格不入，对易卜生的评价彻底触怒了乔伊斯。乔伊斯全力支持易卜生，言辞激烈地评价和攻击了克列利的论文。

其实包括克列利在内的很多学生，他们并没有读过易卜生的剧本，不过，乔伊斯的激烈表现着实让人大吃一惊，反倒引起了同学们的热烈讨论。没过多久，乔伊斯的母亲也听说了这件事，她没好意思问儿子易卜生是什么样的作家，却耐心地听乔伊斯读起了易卜生的剧本。听完，梅得出的结论同儿子一样——易卜生不是一个伤风败俗的作家。母亲的结论也着实让乔伊斯惊讶，但同时又非常开心。

这次开学初始，乔伊斯就提出了自己的论文计划，准备起来也异常专注。乔伊斯在学会期间的文章多与戏剧有关，这篇《戏剧与人生》也是乔伊斯酝酿很久的一部作品。乔伊斯用心斟酌每字每句，并和弟弟斯坦尼斯劳斯逐条讨论自己的观点，而斯坦尼也非常配合，积极地提出有益的反驳意见，两个人都非常投入地进入到论文的创作中了。论文完成得很顺利，不过审查时却出了点小问题，险些没能宣读。

论文的审查员是克列利，他看完乔伊斯的论文后就交给了协会主席德拉尼神父。德拉尼拒绝了乔伊斯的论文宣读。乔伊斯本来很期待，想着很快就能宣读自己的大作了，没想到竟被拒绝了。他马上向德拉尼提出了抗议，要求说明原因。德拉尼也没有想到会遇到这样的进攻，就说是乔伊斯的论文把戏剧的道德标准降到了最低点。知晓原因的乔伊斯反倒平静了，他用阿奎那的"美的东西是看过之后让人产生愉悦感的东西"为自己辩白，还借给了德拉尼看一些易卜生的剧本。最后德拉尼才勉强同意了。

终于可以发表论文了，乔伊斯自信满满。也许想要证明自己文章观点高明，乔伊斯还给《双周评论》的主编写了信，问需不需要一篇全面评论易卜生作品的文章。答复在宣读论文的那一天收到了，信里说可以考虑有关易卜生新剧《当我们死而复苏时》的评论。这是个好的预兆，收到回信对乔伊斯来说是个很大的鼓励。

1900年1月20日，乔伊斯在一间物理讲堂上发表了自己的文章。他宣读论文时语调平稳，阐明自己立场言辞简洁，表达自己立场观点铿锵有力，最后的总结语既直截了当，又有华丽文采。他在讲堂上充满自信的雄辩赢来了听众的尊重和掌声。乔伊斯不看稿子发言近半小时，而且对每一个批评者都做了答复。辩论结束后，还有学生特地跑过来对他喊道："乔伊斯，你讲得太棒了，不过你小子也真是疯了。"这是一次让乔伊斯很尽兴的论文宣读。

斯凯芬顿推荐乔伊斯做学会的审计员，不过乔伊斯以9比15输掉了竞选。但不久之后，乔伊斯就用另一种同学们无法左右的方式取得了成绩，补偿了竞选的失败。

竞选过后不久，乔伊斯得到了一本易卜生新剧《当我们死而复苏时》的法译本，之前《双周评论》主编考特尼的回信曾建议他写一篇评论。所以，当乔伊斯看完书后，就满怀热忱地将自己对易卜生的看法和对剧本内容的阐释写成评论，用他自己的话说，虽然文章写得不太好，但已够得上发表的水平。

如乔伊斯所想，考特尼来信说要采用，不过需要修改一些地方。乔伊斯按要求修改过后，1900年4月1日，《双周评论》上就发表了署名乔伊斯的《易卜生的新剧》，乔伊斯还获得了12几尼的稿酬。同学们惊羡不已，乔伊斯信心大增，也更超然离群了。

说乔伊斯的第二学年是重要的一年，不仅是有雄辩的演讲，也不仅是文章的发表，最让乔伊斯感动和得意的不是人们对他的羡慕，而是他在这一年收到了易卜生本人对他的赞扬。文章4月1日发表的，易卜生4月6日就从克里斯蒂安尼亚写信给阿彻（乔伊斯修改文章用的引文就是阿彻的英译本）。23日，阿彻便将信中的一些信息转达给了乔伊斯：

> 我已经读了(或者应该说是逐字拼读出了)《双周评论》上登载的詹姆斯·乔伊斯先生写的评论，文章很有善意，可惜我的英语还不够好，否则我会亲自写信向作者道谢的。

信送到家里的时候，乔伊斯正和一个女孩在街上玩。信的到来就如同在他的事业刚刚起步时就得了一个碰头彩。乔伊斯头顶红运进入了文学界，给他入场券的还是自己敬仰的易卜生。乔伊斯沉思很久，给阿彻回了一封信，只有简短的几句：

> 非常感谢你给我写信，我是个爱尔兰青年，18岁，易卜生的话我将终生铭记在心。

在收到易卜生的来信之前，乔伊斯是爱尔兰人，爱尔兰青年，但之后，他就成了欧洲人了。

3. 一封来信

　　易卜生的来信让乔伊斯更加坚定精修语言和文学的决心，读书涉猎的范围更广了。很难说出时下出版的、有影响的作品是乔伊斯没有读过的。家里人也都接受了乔伊斯对于文学的喜爱，甚至也逐渐成为他们生活中的一部分。不论家中的食物是否充裕，父亲也都允许乔伊斯读自己喜欢的外国书籍。

　　乔伊斯对意大利语非常感兴趣，因此读了很多意大利作家的作品。乔伊斯读过费迪南多·保列里的作品，欣赏他所说的"语言的纯正"，说福加扎罗是个"奶黄色的意大利人"。乔伊斯还在继续研究但丁，依然对福楼拜感兴趣，还同都柏林其他一些知识分子一样，对神秘学感兴趣了……

　　乔伊斯不仅因为熟悉某一语种，才去接触那种语言的原著作品，而且，为了能阅读自己喜欢的作家的原作，也会去学习那个作家惯用的语言。为了能阅读易卜生的作品，乔伊斯就去学了挪威语；因为认定豪普特曼是易卜生的主要追随者，为了表示对他的敬意，还开始学习自己不喜欢的德语。

　　乔伊斯读书还会注意对写作手法的选择。他既对抒情式的生动描写感兴趣，又关注自然主义的描写。在大量的阅读之后，乔伊斯也和其他人一样，开始急切地寻找自己的风格。为此，他又将目光投向了法语，翻译已故诗人魏尔兰的作品，背下了很多他的抒情诗，甚至考虑过做个法语记者。

乔伊斯一直在不断地摸索着属于自己的风格和自己想要表达的方式。

虽然寻找始终没有结果，但乔伊斯并没有灰心丧气。1900年5月，乔伊斯动用了《双周评论》给的稿费，邀父亲一起去了伦敦。有父亲在，去伦敦的路上很热闹。到了伦敦之后，乔伊斯先是拜访了《双周评论》的主编考特尼，他对乔伊斯的年轻很是吃惊。后来乔伊斯写信给阿彻，请求拜见。不过一开始没被重视，当乔伊斯提及他们之间有关易卜生的通信后，阿彻才邀请他在皇家军人俱乐部共进午餐，也因此，意志坚定的乔伊斯才被阿彻注意到。

见过阿彻之后，乔伊斯和父亲高高兴兴地回到了爱尔兰。夏天的时候，约翰被雇到马林加去整理选举的名单，乔伊斯也一同去了。

在马林加的时候，乔伊斯喜欢和当地的居民说说话，但大多数时间还是无所事事。乔伊斯选择了写自己的第一部剧本，还取了个大气的名字——《光辉的事业》。乔伊斯写这个剧本似乎很顺畅，没觉得费什么力，而且写完之后自己也很满意，还在作品上题词：我——把我第一部真正的作品——献给我的灵魂。

8月末，约翰完成了工作，他们又一起回到了都柏林。回来后，乔伊斯便迫不及待地将《光辉的事业》寄给了阿彻，并在信中写道："我急切地想听到您对它的评判。"乔伊斯对自己的第一部剧本很满意，也激动地认为阿彻会和自己一样，认为会听到阿彻对作品的肯定。

没过多久，阿彻的回信到了。信里的内容，没有像乔伊斯所期待的那样给予全部肯定，而是在肯定乔伊斯才能的同时对剧本提出了中肯的批评。信的内容是这样的：

我终于抽时间读了你的剧本。剧本让我很感兴趣，但是，也更令我伤脑筋——真的，我不知道该说些什么才好。看来你很有才能——可能还不仅是才能而已——但是我不能说这个剧本是成功之作。对于舞台表演——至少是商业性的舞台来说——这是绝对不可能的。无疑，你认识到了这一点。但是，即使单单地把它看作一部戏剧诗，我也不禁要说，背景对于主题来说太大了。故事在最后一幕变成了一出狭隘的爱情悲剧——几乎成了一出二人对话剧——但是为了表达那个主题，你编织了一个巨大的政治和瘟疫的离奇画面，在这一画面中，读者——至少有一个读者——根本找不到你要表达的中心思想。为了给剧本的广泛性找到根据，我曾试图在第二和第三幕中读到某种精心构筑的象征手法，但是，如果你有进行某种象征性描写的意图，可惜我没看出来。也许整部戏就是一种很好的象征——不过我不擅长阅读晦涩难懂的文字。

另一方面，你肯定具有驾驭轻松自然而有效的对话的天赋，并且具备一定的舞台想象力。保罗和安吉拉的那一幕构思奇特，很有分量，但是这样的一幕需要有具体的前衬或是后托才能起作用。总而言之，我觉得你目前还不具备生动刻画人物的能力，所以不能抓住读者的注意力和激发其想象力。其实，妨碍你在这方面发挥的原因是你放在舞台上的角色太多了，恐怕连莎士比亚也不能把他们都写出个性来。到第一幕结束的时候，我还不能区分你的角色。至于让我去猜测戏的主旨是在保罗和安吉拉之间"爱情的苦恼"，我还不具备这样的悟性。可能你会说我显然读得还不够专注。可能是吧——但能否激发我专注地去读则是你的任务。确实，直到第三幕我才搞清楚剧中的角色。我坦率地告诉你我的感受——无疑，也许其他人会有更敏锐的理解力，可是一个你什么时候都需要了解的问题是，你的作品对一个完全友好的读者产生了什么效果。

　　我不知道你是否有意认真从事戏剧创作，如果有意的话，我会毫不犹豫地建议，作为练习，要选取较小的场面，剧中的角色有五六个就够了，但要有设计明确而栩栩如生的性格。要是你能拿出这样的作品给我看，我至少能对你的才能做一个公正的判断。就目前来说，你使我感兴趣，给我留下了深刻印象，但同时，我不得不承认，你也让我感到困惑。

　　如果你不觉得我让你扫兴而愿意再另外寄给我戏剧方面的作品的话，我还是很乐于拜读的。

虽然收到回信的乔伊斯礼貌地表示了感谢，但面对阿彻的"批评"，乔伊斯的情绪还是低落到了谷底。

也许阿彻的批评不尽然是绝对的，但他给予乔伊斯的真诚却是绝对的。阿彻的坦白虽然让乔伊斯一时情绪低落，却让乔伊斯更加诚实地面对自己和自己的作品，对乔伊斯后来的创作起到了极大的帮助。

4．大学的最后岁月

收到阿彻来信的同时，乔伊斯正在忙着进行其他的计划，不仅要准备上演《光辉的事业》这个话剧，而且还写了诗剧和组诗。名为《梦话》的诗剧只保留了"在宁静的黄昏"中的一小节，极具拜伦风格的诗歌《阳光与黑暗》保留下来的部分也多是悲叹罪孽的黑暗部分，祈求欢乐的阳光已经很少了。

乔伊斯此时的诗歌风格多受其他人的影响，单从语言的表达方式上就能读得出来。乔伊斯在诗歌中表达着自己的情感，有悲叹、有向往、有愤怒……也表达着和自己平时外在形象并不一致的东西，就比如，在看似荒诞的抒情诗中透露出自制力极强的乔伊斯的另一面——《一便士一首的诗》中隐约表达了他喜欢被征服的一面。尽管如此，但这些诗歌还不能表达他的所有性格。

1901年夏天快结束的时候，乔伊斯听说阿彻在编辑一本属于当代诗人的诗歌集锦，于是和一年前寄第一个剧本一样，乔伊斯把自己整理过的诗作寄给了阿彻，一起寄去的还有一个爱尔兰诗人保罗·格雷根的抒情诗。不过阿彻的书已经编辑完成，没有考虑乔伊斯和保罗的诗，而且阿彻对这种内容空泛的抒情诗并不以为然，还给出了不免让人沮丧的评价，认为乔伊斯的作品多是个人性情的表达，缺少深刻的内容。

乔伊斯并没有把阿彻放到一个批评家的位置上看，所以阿彻的评价也并没有让他太难过，只是依然对自己的诗没有把握，不知道到底是好是坏。乔伊斯非常明白自己的诗是无法和同胞叶芝相比的，第一次看叶芝的《芦苇荡中的风》时他就赞叹不已，后来便多是模仿叶芝的方式，所以对自己创作的诗歌才没有太大自信。不过要是提到散文，乔伊斯就没有丝毫犹豫了，自认为散文水平即便比不过托尔斯泰也会比哈代、屠格涅夫高。

乔伊斯认为，散文是一种比诗歌更能描绘和表达精细深奥情感的写作方式。在大学的几年里，他写了很多类似"散文诗"的东西，还给它们取了个别致的名字——"显形篇"。乔伊斯喜欢这个比喻，显形不是指神灵显现，而是自己对艺术家职责的一种明示，是对生活中最常见事物的精髓、奥秘的一种揭示，还有就是从心理现象中发现人的精神状态，等等。尽管显形作品中使用不熟悉的语言，晦涩难懂，文体也多种多样，但是它贵在特有的简朴。

乔伊斯徜徉在"显形"的海洋中，用属于自己的方式写作，不过也都是一些速写，而且内容是给人一种如梦幻般的怪异和神秘，连成品都够不上，可他还是花了一些时间琢磨着把它们编成一本书。这些零散的内容后来用到小说《英雄斯蒂芬》的揭露和阐释上了，不过对艺术家的使命感却在这之前就有了认识。早在1901年易卜生73岁生日时，乔伊斯就在祝贺信中提到过，最珍爱的是受到易卜生凭着内心的英雄气概取得思想上的胜利的鼓舞。

除了写诗、写散文之外，乔伊斯还在假期翻译了格哈特·豪普特曼两本剧作——《日出之前》和《迈克尔·克雷默》，一来是要研究豪普特曼如何创作以及现在的发展方向，二来也是为了提高自己的德语水平。乔伊斯经常会为了读懂一个作家的作品去学他的母语，学挪威语就是因为易卜生。

翻译豪普特曼的作品还有另一个原因，乔伊斯希望爱尔兰文学剧院能够上演这两部剧作。从上大学开始，乔伊斯就开始关注文学剧院里上演的一些剧目，但剧院上演的多是爱尔兰作家的一些剧作，所以当乔伊斯准备提交豪普特曼的译本时，听到剧院安排上演的依然是爱尔兰作家的剧作才特别沮丧。气愤之余，只隔了几天工夫，乔伊斯就写了一篇谴责文学剧院狭隘的地方主义的文章。

不过，当乔伊斯把写好的文章交到学院杂志主编那儿后，顾问亨利神父以文章中提到的内容属于教廷禁书为由拒绝发表，乔伊斯怒气冲冲地去找院长理论也依然无果。就在这时，朋友斯凯芬顿也遇到了相同的情况，文章被拒发表。尽管两人意见不同，但基于对稿件审查的痛恨，这之后，两人便自费出版文章。只用了一周时间，乔伊斯和斯凯芬顿的文章都发表出去了。

乔伊斯在这篇名为《下里巴人之日》中痛快淋漓地表达了自己的愤怒与谴责。文章发表后引来了不少的议论，纷纷猜测文中那个口气强硬的"诺兰"到底是谁，不过乔伊斯始终没有透露过那其实只是自己认识的一个熟人而已，只是说了一句："应该鼓励那些门外汉自己去想。"这件事就这样结束了，但乔伊斯心里的愤怒和失望却更深了，甚至会觉得自己生活成长的这片土地上所有的东西都在贬值。

文章的发表一方面确实是打击到了爱尔兰文学剧院，可另一方面却也得罪了一些学生，不少人在报纸上发表文章对乔伊斯的观点提出异议，认为乔伊斯是要和道德宗教、和贫苦百姓分离的人……乔伊斯没有像斯凯芬顿那样天天大喊着反抗，而是心平气和地接受了这些所谓的"敌人"，并没有放在心上，反倒是从这件事中知道了身边超乎寻常对自己好的人，这让他感到更开心。

让人情绪波动大的事情毕竟不多，乔伊斯没有受太多影响，依然进行着自己的正常生活，去参加学院外举行的活动、看自己尊敬的演说家的精彩辩护、为了精炼语言特地去旁听审讯、和朋友一起外出散心……

希伊家是乔伊斯散心时候常去的地方。乔伊斯喜欢和他家的小儿子尤金·希伊一起玩，也喜欢把在家里听来的妹妹们的谈话讲给希伊家的人听。在外人眼里，乔伊斯是那种不会表达自己感情的人，但在希伊家人的眼中，乔伊斯则是个幽默的人，甚至那种幽默中还带着恶作剧性质。

一次，乔伊斯一个人在路上走，遇到了尤金兄弟两个，还没等打招呼，乔伊斯便把一个遮帘挡在两人面前，告诉他们说这上面是重要的梵语底稿，自己正要拿去卖给三一学院研究语言的古董教授。尤金两人莫名其妙愣愣地盯着看的时候，刚巧一个看顾小孩的女仆推着一辆很大的车子朝这边走过来，车里没人，乔伊斯就顺势倒在车里，手里还拿着那张"手稿"，"还走吗，小姐？"边说边又笑着转头看这个满脸怒容的女仆。

希伊家的孩子们也都喜欢和幽默的乔伊斯来往，一些家庭成员参加的活动也能见到乔伊斯的名字，他们会约定一起去参加巴黎博览会或者是去德国看耶稣受难复活剧，甚至几个人会在一起玩一些小孩子游戏，模拟教皇选举。乔伊斯一本正经地参加表演也给希伊家的孩子留下了很深的印象。

快要到大学的尾声了，弟弟乔治生病了。乔治是家里最小的儿子，不到15岁，是个受全家人宠爱的宝贝，尤其是斯坦尼斯劳斯，把这个小弟弟视为最知心的伙伴。医生说乔治是感染了伤寒，需要在床上静养。看着乔治遭受病痛折磨的样子，就连一向"偏心"的约翰也伤心落泪了，晚上的时候总会守在乔治身边读些书。乔伊斯每次都会等到别人都离开后再去陪弟弟，常给弟弟唱歌听。

1902年3月的一天，乔伊斯早早起来去看乔治，却怎么也唤不醒他了。乔治死了，死于腹膜炎。乔伊斯没有声嘶力竭地哭，就像他写的诗一样，也没有像其他人那样为他祈祷，只是轻轻地说，他的死让我很伤心，可怜的小家伙。乔治的死让乔伊斯觉得一切都变得很虚幻，他一直把弟弟放在心里，他的孩子就用的弟弟的名字。

6月份的时候，乔伊斯大学毕业了。他的成绩一向不错，顺利通过没有任何问题，只不过并没有多花些力气争取出类拔萃，而是把大部分精力放在一篇论文上。和两年前发表的略带挑衅的论文不一样，这次则是启发和抒情。

论文选的是爱尔兰作家曼根。这位作家虽然是叶芝的文学前辈，但在当时的大学生中间却少有人熟悉。乔伊斯发现曼根，并坚持他应是排在文学圣人一列的。乔伊斯选择曼根也是想要暗示，自己虽然广泛涉猎欧洲文学，但其实更希望在同胞中间发掘优秀文学，同时也为一些默默无闻或是被人们忘记的作家摇旗呐喊。为了凸显曼根的价值，乔伊斯的论文不惜用华丽笔墨行文。

乔伊斯的论文隐晦，演讲也很难让人领悟，但却又有一种神奇的力量在支撑着每一个听众继续听下去。凡事有人喜欢也就有人厌恶。乔伊斯的演讲有人叫好，也有人批驳。会场上就有人站出来粗鲁地要乔伊斯说清楚，曼根上瘾的到底是威士忌还是鸦片，只是这种声音还是短暂和微弱的。辩论第二天，乔伊斯的论文就刊登在了《自由人报》上，报道称这是学会宣读的最优秀的论文。

在大学最后一场辩论会上，乔伊斯毫无保留地表达了自己终生都坚守的一个信念——文学是对人的精神的肯定。文章的发表也帮乔伊斯澄清了一个事实——自己反对的是恶俗的艺术和陈腐的伦理道德，不是自己的祖国，除非祖国包容这些艺术和道德。

乔伊斯的大学生活在完美的演讲中落下帷幕，带着自己的问题退场了——既然文学的存在是要肯定人的精神，那么在肯定的过程中，人的精神又该以怎样的方式存在呢？

大学毕业后，父亲约翰劝儿子找一个酒厂职员的工作，因为自己忘不了在酿酒厂的经历，现在才想要在这个满身才气的儿子身上获得支持，只是乔伊斯并没有答应，而是选择了父亲之前走过的众多路里的一条，和朋友伯恩一起到塞西莉亚街的皇家医学院注册成了一名学生。

5. 初入文学界

大学毕业，新的学校也已经安排好了，1902年这个悠闲的夏天，乔伊斯决定要去都柏林的文学圈子里露露面。

此时都柏林的文学界正是一派红红火火的兴旺景象，每一流派的作家似乎都在同一时期取得了不错的成绩。在这个允许众多声音发声的时候，都柏林显然成了一个繁荣的文化中心。这里有就连乔伊斯都无比佩服的叶芝、穆尔的诗歌、小说，有开始创作剧本的辛格，有年过半百的格雷戈里夫人展现出的出人意料地在农民体裁创作上的喜剧天分，还有神秘的乔治拉塞尔热心地支持着一群年轻有活力的艺术家们，还有有组织的文化运动……

刚刚20岁的乔伊斯尽管一直都在避免受到他人创作套路的影响，但还是在都柏林文学界这场强大的洪流中获益匪浅。应该说，这次进军都柏林文学界，乔伊斯是满怀着信心的。

乔伊斯选择的第一站是乔治·拉塞尔的家。拉塞尔是所有资深作家中最热心帮助年轻一代的年龄最小的作家，35岁，一脸的大胡子和说话啰啰唆唆让他看起来比一般的作家更容易接近，邂逅的拉塞尔其实是个非常聪明而且宽容的人，有着对人锐利又意想不到的评价眼光。重要的是，对乔伊斯而言，拉塞尔是一个贵人。

8月的一天晚上10点，乔伊斯敲响了拉塞尔的房门，不过拉塞尔当时没在。乔伊斯没有离开，一个人在街上溜达一直等到他回来。两人见面时已是午夜时分了，"这个时间会不会太晚了？""什么时间也不晚。"像是很熟识的人一样见面打过招呼后进了屋。只是一开始，乔伊斯对自己半夜造访的用意有些难于启齿，直到随便聊了一会儿才将来之前准备好要说的话说出来。

"爱尔兰可能会诞生一个神灵化身。"乔伊斯开始第一句之后便顺畅多了，把当时几个作家都评论了一番，当然是不屑一顾的神态。拉塞尔平和耐心地听乔伊斯说完后要求听听乔伊斯自己的诗作。乔伊斯在开始之前就明确表示，不管拉塞尔如何看，对自己都不会有影响，然后才开始了朗读。拉塞尔听完后提出了中肯的评价——诗是有优点的，不过要注意不要陷在传统和古典的形式里。两个人还聊了有关神智学、信仰、宗教之类的问题，一聊就是几个小时过去了，当乔伊斯离开时，天已经蒙蒙亮了，他和拉塞尔约好过些时候会再来拜访。

有朋友认为，乔伊斯去找拉塞尔只是去逐一嘲弄那些作家而已，就连拉塞尔自己也以为错了，乔伊斯也并不是去和他聊心理意识层次的。乔伊斯有自己的想法，拉塞尔满脑子装着的东方哲学是吸引他的第一个理由，另外，乔伊斯更希望能够通过这位平易近人的资深作家接触更多的作家。

乔伊斯如愿以偿。虽然拉塞尔在几个小时的谈话过程中一直都是和颜悦色的，可这并不意味着他感觉舒服。乔伊斯离开之后的几周时间里，拉塞尔就给很多人写信通告了与乔伊斯见面的情况，当然，都是乔伊斯所希望的那些人物。拉塞尔在写给朋友的信中对乔伊斯的"天才"给予肯定，对他十足的傲气也是宣扬得人尽皆知，而且用了不同的语言建议朋友能见见这位聪明绝顶的青年。

收到这样推荐信的也有当时文坛上的巨匠叶芝，他接受了拉塞尔的建议，答应见见拉塞尔口中所说的"新一代的第一个幽灵"。当时叶芝来都柏林是要排演一些剧目，一直都在安提恩特音乐厅里忙碌着。于是拉塞尔写信要乔伊斯到音乐厅去见叶芝，可是乔伊斯希望能够不被打扰并且能随便地交谈，提议在国家图书馆附近见面。叶芝同意了这次会面。

就这样，一个明媚的午后，乔伊斯和叶芝两人第一次见面了。两人的见面如同海涅和歌德的会面一样，在现代文学史上具有深远的意义。当时的叶芝37岁，乔伊斯20岁，一个是成绩斐然的名作家，一个是名不见经传的毛头小子。叶芝所在的作家圈子也是乔伊斯还无法接触的一个世界。只是你却不会从乔伊斯的言行中窥见一丝不安，在他心里完全没有这种世俗人眼中的差距。

见面之后，乔伊斯和叶芝到了一间咖啡室去坐坐。叶芝这时的创作观点有了一个变化，不再过于追求美，而是主动发现粗鄙和自然，所以作品倾向于用方言写农民剧。这是乔伊斯所不能理解的，只是看到了叶芝从描写贵族世界转写老百姓的无常变化，认为叶芝是个"意志飘忽不定、令人捉摸不定"的人。当然，乔伊斯并没有隐瞒自己的看法，说话时还是一副面带微笑的面孔，并在说完之后表达了这样的"歉意"："您也知道我的话有失恭敬，可是也不用太在意，我们都会被遗忘的。"这个自信的说辞让一向谦虚的叶芝也感到很不舒服，"真是没见过如此狂妄自大又有着文学天才的人！"后来和朋友们提起来时叶芝这样形容自己的感受。不管愉快与否，第一次的见面，乔伊斯给叶芝留下了非常深刻的印象——非常自信。

叶芝不经意地提到法国现代小说之父巴尔扎克时，乔伊斯竟哈哈大笑起来，"这时候还有人看巴尔扎克吗？"突如其来的大笑让叶芝不免有些尴尬，因为这时咖啡馆里的人都朝他们看过来。乔伊斯倒是不以为意，依然进行着自己的话题。后来，乔伊斯给叶芝看了自己写的诗作，类似"散文诗"的"显形篇"。叶芝看过之后表示很美，只是还不太成熟，还将所呈现的活力和莫里斯相比。"我没他那种体格！"这是乔伊斯直接的第一反应……

乔伊斯并没有放过叶芝，不断地就他的降格写作提出质问，反对他从民间提炼的概括性论述……情绪一度为乔伊斯所影响的叶芝开始了有些激动的解释："虽然乡间的生活看似没有什么个性，但是蕴藏在其中的故事资源却是源源不断的……民间生活饱含着自然的智慧，他们的想象里总是有最出人意料的故事……现代社会，现代文学到处充斥着城市的单一的思维方式，只有唤回民间的自然，才能真正唤回美……"

本以为自己一番有理有据的辩论能让自信满满的乔伊斯低头，可叶芝想错了。"不要做与诗人无关的归纳事情，那应该是文字人的事情。"乔伊斯有些面无表情地回应道。不多会儿工夫乔伊斯就先起身告别了，临走时又想起来问了一下叶芝的年龄。"三十七岁。"叶芝告诉了他。"我果然没想错，应该早些见面的，您现在年纪太大了。"说完乔伊斯有些遗憾地离开了，留下叶芝一人在咖啡馆里。

叶芝将乔伊斯如此直接的反应看作是"顶嘴"，也因为乔伊斯强势的自信言语有过短暂的混乱，但是冷静过后叶芝依然非常喜欢这个年轻人，还曾想过把和乔伊斯的见面写一篇文章做新书的前言，不过他后来改变了主意，将文章保存了起来。他肯定这个叩响新时代大门的年轻人的才气，邀请乔伊斯为剧院写一部戏剧即是证明，叶芝还表示愿意给予帮助，介绍和他一样刚刚起步的人。

不过叶芝对乔伊斯日后的发展看法保守，只说了句"让我们拭目以待"。毕竟有才气、有希望的年轻人最后无所成就的也不在少数，要知道，从长时间来看，使人成功的不一定全体现在作品上，人的性格和品质往往大过才气。

当乔伊斯通过拉塞尔的介绍见过其他作家后，大家给出的评价也都很类似。特别是格雷戈里夫人，不仅不在意乔伊斯的傲慢，反倒感动于乔伊斯的深情，还邀请他与叶芝父子共进晚餐。

乔伊斯在一个暑假的时间，接触到了爱尔兰文学界的很多成员，并得到了认可，得到了会尽全力给予帮助的允诺。初入文学界，乔伊斯受到了瞩目，得到了关注，这为之后的选择拓宽了道路。

第四章 离开爱尔兰

1. 第一次出走

10月份，乔伊斯来到4月初注册的新学校——皇家大学医学院，开始了学医生活。

父亲约翰对乔伊斯学习医学寄予了厚望，一心期望着儿子能在这方面取得大成功。乔伊斯进入医学院读书让约翰单纯地认为孩子们都即将长大成人，很快就能够自食其力，所以便将退休金取了一半出来折现买了一栋房子。

虽然有了稳定的住所，但乔伊斯家的经济很快就变得捉襟见肘起来。约翰每月的花销只剩下五英镑了，这对维持一家的生活已经很困难了，更何况还要供一个读医的孩子呢？父亲欠妥的决定也影响了乔伊斯在医学院的花销，刚刚入学的乔伊斯很快就变得非常缺钱，老问题又开始如影随形了。

学校里开设的科目多是理科，生物、化学、物理之类，乔伊斯刚开学还去听了几节课，可是没坚持几天就没办法继续了，在贝尔弗迪尔上学时还有些应付不喜欢科目的手段，可在都柏林大学学院上学的几年就连这些也丢得没了踪影，而且开始明显显现不关心学习的状态。

一天，乔伊斯回大学取学士证书，赶上学院的同学折腾闹事，被警察驱到一处躲避。乔伊斯在这里对着一群情绪激愤的学生发表演讲，内容却是为学生争取"想怎么吵闹就怎么吵闹"的权利，一副对所有的事情都满不在乎的样子。

也因为这件事，乔伊斯本想在医学院找一份和伯恩一样做做助教之类挣些钱用的事行不通了，有关的人都告诉他没有合适的工作给他做。乔伊斯学业不顺，近乎排斥理科的心理让他时常有不能完成学业的担忧，学校不肯安排工作也让他有了一种一切都是在和他为敌的偏见，两种不平的情绪撞到一起，激起了乔伊斯的一个新走向——申请巴黎医学院。

　　在皇家医学院就读不过一个月的时间，乔伊斯就开始考虑离开爱尔兰，去他一直想去的巴黎。申请新学校让乔伊斯暂时离开眼前面对的窘境，感觉好像敞开了一扇通往新世界的大门。乔伊斯并没有考虑去巴黎医学院学医取得的学位在爱尔兰是否有用，也没去想在爱尔兰用熟练使用的英语都过不了的化学到了巴黎用法语又怎么能通过……他只想，去巴黎。

　　下定了决心，乔伊斯便给巴黎医学院写了申请信，不过没有马上得到应允，说是要由公共教育部门考核之后才能做决定。新学期已经开始了，若是真的等到考核德行后才做决定就晚了。乔伊斯不能再等了，于是开始给每一位可能帮得上忙的朋友写信。

　　在写给格雷戈里夫人的信中，乔伊斯表达了自己一定要离开爱尔兰的医学院去巴黎的决心。原因不仅有自己无力支付学费又无法获得适合的工作的无奈，还有自己的危机感，被别人阻止说出心里话的威胁，更主要的是自己决议反抗到底的信心。收到信的格雷戈里夫人曾建议乔伊斯转到爱尔兰另一所医学院学习，只是那根本不是乔伊斯的本意，所以没有成功。

　　不过乔伊斯听从了夫人另外的建议，在他动身前去见了在都柏林的一家报社的主编，夫人给这位主编去过信，主编答应让乔伊斯给报社写些书评来添补些生活，这样至少乔伊斯的生活不至于陷入窘境。格雷戈里夫人还给她一位做医生的朋友去信，让他写介绍信给他在巴黎的朋友，夫人对乔伊斯像是对待自己的孩子一样，不仅为他到巴黎后的生活铺路，还温暖地嘱咐他一些路上的注意事宜，多带衣服啊、路上小心之类的。

格雷戈里夫人还给叶芝写了信，告诉他乔伊斯的行程，让他帮忙安排一些食宿问题。另外还给好几个人写了信，主要是帮忙乔伊斯在巴黎的工作和住宿问题。叶芝在收到信后给乔伊斯回了信，确定了去巴黎的行程和见面的时间与地点，并且在信中就提到要介绍文学界的人给他。

在几位文学界名人的支持和帮助下，11月底，乔伊斯的巴黎之行顺利进行，都柏林的市长还写了一封信特意证明其品行端正。临走前，乔伊斯将自己的打算写信告诉了威廉·阿彻，还把平日写作的手稿留在了乔治·拉塞尔那里，最后还给弟弟斯坦尼斯劳斯留话，要是自己不幸早逝，就把自己的诗和"显形篇"寄给世界上所有国家的大图书馆。这样一安排，乔伊斯12月初晚上的出行竟显得多了份悲壮色彩了。

乔伊斯曾在写给格雷戈里夫人的信中暗示过自己的出行有着"流亡"的意味，但他并没有使用这个词，毕竟离开都柏林是自己的选择和决定。一个人站在船头，看着越来越远离祖国，乔伊斯反倒越来越平静，没有之前在医学院、在写信给朋友时候的那种愤怒了。这就是他想要的，用自己来做实验，到另外一个国家，另一个世界去写作。在他看来，这就是他要和祖国保持的一种关系。

2. 一个人在巴黎

乔伊斯满怀着憧憬一个人坐船去巴黎，梦想着成为衣食无忧的博士、诗人和医生。虽然口袋里的钱除去路费所剩无几，但叶芝的招待让他继续维持着实现梦想的激动心情。船在第二天早上就到了伦敦，叶芝按照之前约定好的时间在火车站接到了他。自从在都柏林见过面，乔伊斯和叶芝两个人又见面了，也许是出行后见到的第一个熟人，用叶芝的话说就是，乔伊斯出人意料的温顺和乖巧，和第一次的傲慢不羁判若两人。

叶芝和乔伊斯一整天都在一起。除了安排了丰盛的三餐外，叶芝还带乔伊斯去拜会了自己认为将来可能会对乔伊斯有帮助的人，为日后的生活考虑，叶芝建议乔伊斯可以写有关法国文学的文章发表，于是也带他去了报社和杂志社。到了晚上，叶芝带乔伊斯去了出版商人阿瑟·西蒙斯的家里，这人往来巴黎、伦敦十多年时间了，是个对乔伊斯出版作品有着重要影响的人。

乔伊斯搭乘的火车是在晚上，所以在西蒙斯家逗留的时间并不长，不过两人对彼此都留有很深的印象。乔伊斯觉得这个威尔士人充满了90年代的味道，而西蒙斯则觉得眼前这个年轻人是个带着些邪气的天才。虽然乔伊斯和叶芝一致认为西蒙斯是个摆脱不了低级趣味的人，但不可否认，他承诺乔伊斯帮忙出版诗集和作品却不是玩笑。

叶芝将乔伊斯送上火车才回去。乔伊斯一晚上的时间还要再转乘一次轮船和火车才能到巴黎。第二天早上天刚蒙蒙亮，乔伊斯就下了车。他在之前就知道的一家价钱比较合适的旅馆安顿了下来。拿着格雷戈里夫人和叶芝的介绍信，乔伊斯开始去拜访。除了得到一顿有七道菜的大餐外，乔伊斯得到的更多的是"等待"。

不过乔伊斯可没有等，拜访的结果虽然不尽如己意，但是并没有影响心情。他很快就给在都柏林的报社写去了书评和评论。忙完这两件事，到巴黎的第三天早上，乔伊斯去了巴黎医学院了解上课的事情，这才知道，要在这里上课，他需要一个法国的学士学位，如果没有就需要教育部长的证明，不巧的是这种特免的证明在他前往巴黎的那一天就不发了。不过，在乔伊斯的努力争取下，部长答应证明可以在几天后补发，暂时上课只需要个临时听课证就行。

只隔了一天，乔伊斯就开始上课了。从下定决心到坐在巴黎医学院的课堂上，乔伊斯只花了一个多月的时间，一切都挺顺利。在最初写给家里的信中，乔伊斯都是精力充沛地表达着自己要如何刻苦地学习。

兴奋的情绪没有持续多久，生活中的一些问题日渐凸显。学校方面，乔伊斯入学不久就开始催要学费，课堂上教学也都是用的自己并不熟悉的法语，术语连篇，加上又多是理科内容，乔伊斯的学医热情锐减；生活方面，习惯了大手大脚花钱的乔伊斯很快就经济危机了，加上水土不服，只身在外，身体也开始经常不舒服。一连串的问题接踵而至，乔伊斯有些停滞，不敢也不想再往前了。

刚到时给家里写信，乔伊斯总会把生活花费一一列出来，每一项似乎都是必不可少的，想要借此赢得家里人的同情，能够多给他寄些生活费过来。可十天左右的工夫，再给家里写信时，乔伊斯连要生活费的精神都没了，开始说身体不适了，总会莫名其妙地感到疲倦之类的。

信件的一发一收总是需要些时日，再说乔伊斯家的日子也过得并不富裕，父亲给寄来的生活费总是有限的，也根本解决不了眼下的问题。日渐捉襟见肘的乔伊斯尽管身体不适也不得不开始找工作了。

在找工作这件事上，乔伊斯还是倾向于找一份在巴黎教英语的工作。机会倒是有，乔伊斯很快就找到了一份在一所中学专职教英语的工作，酬劳也可以，只是这样一来就要放弃在医学院的学业，这和不去上课是两回事儿，所以他并没有应承这份工作，而是去给一位香槟酒商人做私人英语教师，每月能有一英镑的收入。

刚刚有了工作很开心，可就在这时收到了叶芝的回信，看过内容后乔伊斯显然不大痛快了。叶芝对乔伊斯之前寄给杂志社的诗给出了评价，说是韵律虽美，但并不是最好。乔伊斯瞬间就没办法控制自己的情绪了，开始写信给家里，诉说诗被拒绝发表的愤怒，说是自己可以忍受独自一人在外，身边没有亲人朋友，甚至是没有钱的日子，却忍受不了自己的诗就这样被拒绝了。

马上就要到圣诞节了，乔伊斯在信的结尾收敛了一贯的无所谓的态度，而是像个在父母面前撒娇的几岁的孩子一样，暗示自己的母亲，能不能让自己在圣诞节之前回家一趟。作为第一次"流亡"，乔伊斯觉得，两三个星期已经可以了。

知道自己的孩子一个人在外边受罪，做父母的又怎么会不心疼呢？虽然对乔伊斯之前执意离开也不理解，也生气，但这个时候，乔伊斯的父母亲都同意让他回来过节。母亲在给他的信中充满怜惜的言语让收到信的乔伊斯感动不已，"希望你现在就在我眼前，这样我就能好好照顾你了……"

想到马上就能够回家了，心中的安慰和欣喜让乔伊斯的心情和身体都感觉舒畅多了。在回家之前，乔伊斯特地出门玩了玩，看了场戏，还去逛了趟妓院，最后拍了张照片。之后把附带自己照片的明信片寄去了三处，一张给家里，告诉家里自己身体不好，要多寄些钱给他买张贵些的票，回去可以少受些罪；一张寄给科斯格雷夫，信是用拉丁文写的，说的是巴黎的妓女。最后一张是寄给伯恩的，乔伊斯在明信片上写的是一首诗——《心灵之旅的告白》，表达了自己继续坚持旅程的决心。他又给格雷戈里夫人写了一封长信，把自己在巴黎这段日子的所见所闻都说一遍。回家的兴奋让乔伊斯不再那么忧郁和沮丧，整个人又恢复了之前的儒雅状态。

收到从都柏林寄来的钱后，乔伊斯马上动身回去，和来时一样，在伦敦转乘时去见了叶芝。很快，乔伊斯就又回到了都柏林，这个他一个月前拼命想离开的地方。

3．短暂的往返

乔伊斯本想着只是回来过完圣诞节就回去的，没想到一待就是整整一个月的时间。这段日子着实发生了不少事情，第一件就要数和至交伯恩关系的决裂。

事情要从伯恩收到明信片说起。因为高兴，伯恩把明信片拿给科斯格雷夫看，为自己是最了解乔伊斯的人很是得意，可当看到乔伊斯写给科斯格雷夫的明信片，谈论妓院的内容后，黯然地将自己的明信片也递给科斯格雷夫就离开了。伯恩曾多次明确告诉过乔伊斯，要他不要和科斯格雷夫走得太近，现在看来自己的嘱咐是一点用也没有，吃惊之余也有些失落。

科斯格雷夫却不在乎，还把这件事当成了笑话讲给了斯坦尼斯劳斯，所以乔伊斯刚回到家就听说了这事。伯恩对乔伊斯的态度也很冷淡。乔伊斯把伯恩态度的变化视为对两人友谊的一种背叛。

不过，这种"背叛"带给乔伊斯的失落很快就得到了弥补。他在常去的国立图书馆结识了一位新朋友——奥利弗·戈加蒂。戈加蒂正在牛津大学学医，和乔伊斯一样，都想把医学作为自己的职业，又都有当作家的野心。所以两人谈话也很投机，既是朋友又是对手一样。再加上还有国立图书馆的管理员贝斯特和马吉，都是博览群书又聪明睿智的年轻人，乔伊斯在这里过得充实而愉快。

除了和新朋友在图书馆相聚，乔伊斯也去拜访了老朋友希伊家，和希伊一家一起玩游戏、唱歌……乔伊斯在家待着的时间不多，妈妈允诺给他的照顾也只能是在吃饭上多下点功夫。没有任何压力的乔伊斯，状态恢复得很快。

一个月后，乔伊斯动身返回巴黎。在伦敦停留的一天，他听了叶芝的建议，去一家杂志社面试。面试的题目是给一本书写一篇短评，乔伊斯把写好的表示自己的不满意的文章拿给主编。"这样写不行。"主编看完之后刚说了一句，乔伊斯起身便朝外走，"对不起。"主编本是一番好意想要帮助乔伊斯，乔伊斯却没有领这份"情"，直白地表示这本书毫无价值可言，面试最后不欢收场。

没有固定收入，回到巴黎的乔伊斯依然要面对第一次来巴黎时的问题。不过这次乔伊斯决意要精打细算。他依然住在那间便宜的旅馆，把大部分时间都放到读书和写作上。白天去巴黎的国立图书馆，晚上去附近的一家图书室看书。

这段时间还有从家里带来的生活费，所以乔伊斯只管潜心读书和写作，畅游在书的世界里。他关注的书籍多是形式主义方面的，也会研究戏剧和诗歌，还提出了自己的认识，论证喜剧优于悲剧，重新定义怜悯与恐惧。这种"自由"的状态也孕育出了好的创作，乔伊斯这时发表的诗歌也是早期最好的作品。他对自己也非常满意，还在写给母亲的信中提过自己出版诗集的计划。

乔伊斯的21岁生日到了，本期待着能够在这天收到些钱，可是希望落空了，除了一堆卡片就只有一封祝福信而已。2月份接下来的日子，乔伊斯的生活又开始变得紧张了，经常是饥一顿饱一顿的，给家里的信又从索要生活费开始到抱怨自己身体越来越差，这种信的称呼则一定会是特定的"亲爱的妈妈"。

梅·乔伊斯本来身体就比较弱，自从大儿子一个人去了巴黎后就总是惦记着，这种忧心忡忡让她的身体状况越来越差。乔伊斯圣诞节回来的那一个月，梅才安心地过了几天日子。可乔伊斯一走，不久又传来饿肚子的消息，梅哪里忍受得了，尽管家里也是过着揭不开锅的日子，她还是偷偷把一些生活必需品典当换些钱给儿子寄去。只是，杯水车薪，乔伊斯还是饿，一次次狠着心问母亲要钱。

母亲的回信每次都会写些祝福和鼓励的话语，说说家里和朋友的近况，也都尽量寄些钱过去。可她的焦虑越来越严重，一直担心乔伊斯陷入生活的窘境是因为他不会生活。不过，这种担心却似乎有些多余了。

要不是母亲的身体越来越差，"没钱"的乔伊斯依然可以在巴黎继续生活。他会为了继续自己的"实验"，坚持"心路历程"拼命凑钱。乔伊斯可以忍受长时间不吃东西但丝毫没有中断自己的交际。

乔伊斯会经常见一些朋友，有时还会去一些娱乐场所。在巴黎联系的文人还多是爱尔兰人。乔伊斯和叶芝之前介绍给他认识的年轻剧作家辛格有了较多的接触，有事没事也总会争辩一番。还有一个谈得来的朋友，约瑟夫·凯西，乔伊斯和他经常一起吃午饭。给家里的信中会说自己去不了剧院，可事实上他却在巴黎一间喜剧歌剧院里看了一场新剧的首演，当然不止一次，还到市区外游玩过两次，去教堂听演唱、买新书⋯⋯

这些活动无疑会加重乔伊斯的经济负担，家里给的钱远远解决不了问题，所以他也会自己想办法——和认识的人借钱，去熟人地方蹭饭吃，预收学生学费，偶尔写写评论挣些稿费⋯⋯乔伊斯就是用这些"权宜之计"在巴黎勉强度日。

大概两个半月的样子，一天，乔伊斯在教堂望弥撒，想把法国的礼拜形式和爱尔兰的做一个比较，走了一整天，很晚回到住的地方的时候就收到了父亲发来的电报：母病危速归。可是那个时候吃饭都是问题，又从哪儿弄回家的钱呢？思来想去，乔伊斯半夜的时候就把自己的一个学生折腾起来了，给他看了电报，借到了钱，有三百多法郎。这样，第二天早上，乔伊斯便再一次离开了巴黎。

4. 母亲的去世

乔伊斯急切地赶回家，一心想着要尽份孝心，不过回到家后的情况并不如意。

母亲病得很重，一开始诊断的是肝硬化，可直到垂危之际才知道是癌症。虽然见到一直挂心的儿子人变得有精神多了，但是对死亡的恐惧让梅非常担心一个不常提的问题——乔伊斯对神的不敬。正好那几天赶上复活节前后，梅·乔伊斯总是劝说乔伊斯去教堂忏悔和领受圣餐，语气近乎请求。

乔伊斯没有答应病重母亲的劝说。失望的母亲哭了，吐了一大口发绿的胆汁出来，可即使这样也丝毫没有动摇乔伊斯。后来乔伊斯在街上碰到叶芝还讲到母亲的生死未卜，用的也是无关紧要的态度。

因为梅·乔伊斯的病，约翰的情绪也变得很低落。全家人都被一种沉重的空气笼罩着，无可奈何地看着被病魔折磨的母亲。乔伊斯冷漠的态度就连一直对他崇拜有加的弟弟斯坦尼斯劳斯都不能理解。一身巴黎习气的乔伊斯在外面也让人看着很不舒服，他开始意识到失去伯恩那样的知音是一件大损失，这是友谊破裂以来第一次有了惋惜的感觉。

乔伊斯想要恢复这段朋友关系，也希望能够从这位自己视为知音的朋友身上获得理解和支持。不过伯恩的气还没消，甚至笃定地认为乔伊斯是个不会有所改变、没有人性的人，可后来乔伊斯写信邀他见面，他还是去了。乔伊斯和他谈起与母亲的争吵，伯恩很诧异，不理解为什么乔伊斯不能听从母亲的请求。连知音都无法理解，乔伊斯便开始去别处寻找支持，都柏林还是有一些能够包容他"艺术使命"的人。

在这些追随者中，戈加蒂与乔伊斯的相处会显得更"平等"一些。戈加蒂机智幽默，经常调侃乔伊斯，但却丝毫没有使乔伊斯高人一等、不可一世的感觉有所收敛。最后戈加蒂想了一个坏主意——让乔伊斯喝酒。这是乔伊斯的死穴，因为看到父亲嗜酒成性，所以立誓绝不饮酒。戈加蒂要用这个办法来挫挫乔伊斯的锐气。

一开始大家都认为这只是戈加蒂开的一个玩笑，没想到后来戈加蒂便想尽各种办法劝酒，向乔伊斯不停地宣传喝酒的妙趣……没多久，乔伊斯就不再拒绝了，开始了饮酒，很快就又变成了大量饮酒。乔伊斯酒量不大，所以经常醉得一塌糊涂。母亲还在病榻上，他却经常醉酒。斯坦尼斯劳斯失望地劝诫乔伊斯不要自毁前程，喝多酒的乔伊斯也没给弟弟一句好话。

母亲的病情越来越重，乔伊斯没有圣诞节回来时的那种放松，而是整日恍惚地在城里游荡，很怕母亲的离去却又像是在等待那一天的来临一样。乔伊斯无心读书和写作，和作家朋友的交往也少了，倒是会偶尔去乔治·拉塞尔家坐坐，一起聊聊诗歌、聊聊戏剧。一向喜欢和朋友联络的乔伊斯这时候却很少交际，但还是认识了一个年轻诗人——帕德里克·科拉姆。乔伊斯很少称赞人，但对这个人，他十分谦虚地表示过，自己是写不出来他那样的诗的。

日子过得很快，已经从春天走到了夏天，天气一天比一天热，母亲呕吐得更厉害了。尽管这段时间乔伊斯的舅母约瑟芬·默里常来帮忙照看，但母亲还是被病折磨得脾气暴躁。父亲的态度从情绪低沉、控制酒量、尽力做个好丈夫到现在脾气糟糕、喝得酩酊大醉，甚至对母亲恶语相向，一次差一点要动手掐乔伊斯的母亲，就在自己家里，上演着一出悲剧。在一家都沉闷失落的时候，乔伊斯开始平静下来。

和弟弟乔治生病时候一样，这一次乔伊斯守在母亲的床边，一边弹钢琴一边唱着叶芝的抒情诗。看到乔伊斯的转变，母亲最后的日子也过得很舒心。

1903年8月份的一天，乔伊斯的母亲在连续几个小时的昏迷中离开了人世。孩子们都跪在地上痛哭，可乔伊斯没有下跪，也没有哭。母亲的丧葬办得很简单，一直到下葬那天，乔伊斯依然是一张无表情的脸。他并不善于表达自己的情感，特别是悲伤，却喜欢将这种情感带入书中的人物。

本就穷困的家里少了女主人，孩子也都岁数不大，最小的还不到十岁，送完母亲回到家就感觉非常的冷清了。

这几个月乔伊斯都在和母亲告别，没有想过别的事情，所以当母亲丧事处理完了之后，乔伊斯也再没有闲下去的理由，只是现在的乔伊斯既没有钱，也没有目标。不用再试图躲避母亲离开的恐惧和不安，乔伊斯不再到处闲晃，而是开始埋头读书。

一直到新的一年开始，乔伊斯也算是过得忙碌，写书评，投稿，复课，还想过要办一份纯文学性的报纸，尽管最后没有成功，但却没有影响乔伊斯一向乐观的心理。这一年，从回到巴黎过着拮据的日子到再次回来都柏林，乔伊斯第一次过得"如此不顺"，但他一直保持着良好的自我安慰的能力，不仅会给自己心理暗示：我是个超人。就连做冥想时也是自己如神般从高山上下来为人传播福音。"我要在我活着的时候就成为名扬天下的人"，乔伊斯曾向舅母表露过真实想法。这也是他一直都能不断坚持下去的原因吧！

5．神奇的一天

母亲去世之后，家里变得冷清不说，杂乱无章更成了这个日渐被贫穷、饥饿围绕的家的标志。父亲约翰因为妻子的去世整日里都魂不守舍，总是对孩子们火气很大，甚至对常来家里帮忙的约瑟芬·默里还口出恶言，喝多了总嚷嚷着回科克老家。

乔伊斯满心的抱负和家里这种混乱的环境越来越不相称，他决心用自己的方式退出这个压抑得让人喘不过气来的又充满着怨恨的家。这种透不过气的压力也无法让乔伊斯放弃自己的坚持。

1904年刚刚到来，乔伊斯就开始了自己的"突破之旅"。当他得知自己的朋友要和一位作家出版一本知识性杂志《丹娜》时，几乎只用了一天时间，乔伊斯一口气完成了一篇自传体小说。写完之后，乔伊斯先把文章拿给了弟弟斯坦尼斯劳斯看。在弟弟的建议下，乔伊斯给这篇小说定名为《艺术家写照》，然后寄给《丹娜》的两位主编。这是乔伊斯开始创作比较长的作品的开端，也是作品开始走向成熟的标志。

乔伊斯信心满满地寄出了文章，但结果并没有如他所愿，"不予刊登"的决定让他有些沮丧，特别是主编的理由——我不能发表连我自己都不能理解的东西。主编所说的理解不了的是对乔伊斯作品中主人公的反感。

2月2日，是乔伊斯二十二岁生日，正好还是星期二，文章没发表的后遗症延续到了这一天。乔伊斯得了重感冒，一整天都没精打采的。

不过，当乔伊斯决定把文章改为小说后，他倒是因为文章被拒绝感觉开心了。乔伊斯认为，《丹娜》主编之所以不采纳自己的文章不是因为情节或文体，而是因为不喜欢自己。乔伊斯又一次和斯坦尼斯劳斯一起讨论，商量着要写关于自己生活的长篇小说，想着要把自己生活里熟识的人都写到故事里。

确定了想法，乔伊斯就没再迟疑，开始迅速明确主题，进入创作。不到一个星期的时间，乔伊斯就写完了第一章。这种投入的写作工作一直持续到了仲夏时候，乔伊斯也写好了不少稿子。正如他的一个朋友所说的那样，开始的几章很抒情，只是越到后来写得就越尖刻，但也越来越写实了。文体特点也很明显——坦白，不过却是用外来语言坦白。

乔伊斯并不像一般人所认为的那样，对自己很坦白，为了表达自己两种相反宗教思想并存所达到的荒谬程度，他将基督教的殉教者的名字和异教发明者的名字和在一起，给小说中的自己取名斯蒂芬·代达勒斯。乔伊斯把自己亲身经历的事情，把自己认识的人放到小说里，故事里的每一个人物都能在生活里找到原型。乔伊斯将艺术创作当作自己的武器，用以维护自己的抱负。

除了小说创作，乔伊斯也恢复了诗歌的写作，虽然艺术创作有了成绩，但他并没有为自己的家带来好的作用，反倒是添了酗酒、懒散和吵架的记录。这段时间，乔伊斯的生活也是完全无规律可言的，有时可以睡一天，有时又可以一天都在写作……

生活境况的糟糕和正在创作的小说的丰富内容形成巨大反差时，乔伊斯开始转向歌唱界，开始他从未放弃过的歌唱想法。他开始到处借钱要去上音乐课，请都柏林最好的音乐教师，还以此为借口去市里租房子单住。东拼西凑，乔伊斯开始在都柏林学习音乐。5月中旬有一场艺术节，乔伊斯参加了比赛，指定歌曲唱得都很好，只是当要唱一首即席歌曲时，乔伊斯把歌谱扔到一边就走了，只能勉强得了个铜牌。

乔伊斯的演唱热情也由此开始减弱，继而回到自己的小说创作生活中。注定发生改变的日子也在悄然走近。

已经二十二岁的乔伊斯对爱情不是没有过幻想，有好感的女生也是有过的，只是真正的恋爱经验却还是零。直到有一天，乔伊斯在路上走着的时候遇到一位个子很高的女生。她衣着大方，面容姣好，一头褐色卷发，正昂头挺胸地大步走着。乔伊斯看得停了下来，又不知不觉地跟上去搭话。女生个性率直，开朗，乔伊斯和她一下就熟络开来，聊的话题也越来越多。

　　乔伊斯了解到，这位说话轻快的女生名叫诺拉·巴纳克尔，在一家饭店工作。诺拉是戈尔韦市人，比自己小两岁，1884年出生。乔伊斯还觉得名字有些滑稽呢，后来听父亲说起才知道，"巴纳克尔"是一种忠心不渝的象征，还告诉乔伊斯，诺拉永远也不会离开他了。

　　诺拉并没有从聊天中了解什么，只是看乔伊斯戴着一顶游艇帽还以为他是水手，又从乔伊斯的蓝眼睛以为他是瑞典人。这是10日的事，聊天过后，乔伊斯约诺拉14日再来这次相见的地方见面。不过，诺拉爽约了，乔伊斯没有等到心心念念的人。

　　乔伊斯沮丧地回到家，给诺拉写了一封短信，大致内容是，如果诺拉还记得自己的话，就请她再出来见一面，因为自己实在放不下她，请她发发慈悲再见一面。收到信的诺拉如约来见乔伊斯，15日见过面后约了16日晚上再次见面。

　　16日对乔伊斯而言是一个特殊的日子，和诺拉关系的确立让他觉得开始和整个世界都有了联系。这是自从母亲去世之后第一次远离了孤独感，因为有了诺拉·巴纳克尔，让乔伊斯的世界变得温暖又充实了。

　　16日对乔伊斯来说是个神圣的日子，在这一天以前，乔伊斯还是自己笔下那个叛逆的无法形容的斯蒂芬·代达勒斯。从这天起，他有了责任，有了爱的人，开始成为一个有担当的成人了。后来创作的《尤利西斯》也就放在这一天，这一天对乔伊斯而言意义重大。

第五章 流亡的生活

1．私奔

诺拉是1904年初从戈尔韦市来都柏林的。诺拉的父亲是一个面包师，也是个嗜酒如命的人，家里人也因此过着一贫如洗的生活。诺拉五岁的时候被母亲送到了外婆家，后来一直在外婆家长大，是由几个舅舅负责照顾和管教的。

诺拉是在戈尔韦市的修道院学校接受的小学教育，只读到十三岁，后来就到一间修道院做了勤杂工。工作的几年间，诺拉过得很快乐，她有相处得很好的朋友，也有喜欢的男孩，日子过得很充实，但由于舅舅管教严格，有晚上10点钟前必须回家之类的规定，如果违反还会挨打。诺拉为了摆脱这些束缚，独自一人离开了戈尔韦。

在同时代人的眼中，诺拉并没有特别之处，普通得不能再普通了。她对文学一无所知，更谈不上乔伊斯常说的那些反思、内省之类的，根本不可能成为乔伊斯学术道路上的得力帮手。但乔伊斯并不在意这些，他笃定地认为诺拉是与众不同的，他珍惜的是诺拉妩媚中的无限纯真。乔伊斯相信，诺拉是比自己更为纯洁的人，因此只有她能接受自己，听懂自己的话。

自从6月16日再次见面后，乔伊斯和诺拉便开始了频繁的通信。他们也会偶尔见见面，还会互赠礼物留念。这在弟弟斯坦尼斯劳斯看来是件很不可思议的事，平时那么不寻常的哥哥，现在看来和常人也没什么两样。

最初的一两个月，乔伊斯还不好意思和朋友说自己是在谈恋爱，是不是要对诺拉从一而终，他心里还有些顾虑。后来朋友们还是知道了这件事，他们的反应不一。大多数朋友觉得难以置信，唯独文森特·科斯格雷夫，却一心要拆散这对情侣。不过也正是托这个"精神不太正常"的朋友的福，乔伊斯更坚定了自己的选择。

科斯格雷夫曾经亲自找过诺拉，劝她和乔伊斯分手，因为乔伊斯这种人是不会和她长久的。但诺拉并没有把科斯格雷夫的话放在心上，还将此事告诉了乔伊斯。这让乔伊斯心花怒放，确信诺拉的确拥有着与众不同的心灵。

虽然诺拉的出现让乔伊斯有了别样的经历，但除此之外，乔伊斯的生活一切照旧，没有任何改变。就在和诺拉见面三天后的一个晚上，乔伊斯又喝得酩酊大醉，瘫倒在国家戏剧学会的一个临时排练场的过道里，后来被人发现后扔出了门外；乔伊斯还会搭讪别的女人，不过没想到那位女士是有伴的，他被跟着她的男士打得不轻；乔伊斯还是会用尽各种办法向所有人借钱度日，还会去熟人家借住，但却又不会收敛自己的脾气……

乔伊斯越来越不那么容易借到钱，不过乔治·拉塞尔却是对他一如既往的同情和支持。乔伊斯再次找拉塞尔帮忙，这次，拉塞尔介绍给乔伊斯一份给《爱尔兰家园报》写短篇小说的工作，只要能刊登就会有1英镑的稿酬。乔伊斯没有太多犹豫，因为拉塞尔的条件非常宽松，只要通顺流畅，一般人能看懂能喜欢就可以，署名也可以随自己的意思。这也成了《都柏林人》这部短篇小说集的开端。

《姐妹们》就是乔伊斯写的第一部短篇小说，也是第一次将他自己作为人物原型写进作品中去。尽管乔伊斯答应拉塞尔好好做这份工作，但真实创作起来，他并没有丝毫妥协，可出人意料的结果

詹姆斯·乔伊斯传

却是，作品被采用了，主编甚至答应他除了要替换教堂名外，不会更改一个字。这让乔伊斯喜出望外，有了这次成功，他又信心满满地开始了创作。

经济有了保障，乔伊斯和诺拉的联系也更多起来，两个人一起去参加音乐会，散步……关系日渐密切。在相处的过程中，诺拉越来越喜欢乔伊斯，也开始有了要伴他一生的想法，可乔伊斯这时却不安起来，担心诺拉不会喜欢过去的自己。

尽管乔伊斯从来不怀疑自己的纯真，但他知道这并不是所有人都能理解和接受的。乔伊斯开始向诺拉坦诚过去的自己，写信告诉虔诚信教的她自己叛离宗教的所作所为……乔伊斯渴望诺拉可以透过表层看到掩藏在背后善良的自己，所以才想这样考验她。可是诺拉真如乔伊斯所愿，是真的出于爱、出于慈悲肯定他的时候，他却不知所措起来，甚至想要逃离这段关系。

就在和诺拉的关系陷入混乱的时候，乔伊斯不得不为搬去哪儿费心，因为现在住的房子马上就要被封起来。可他还不想回家，只能到处流浪着，去朋友家、舅舅家住，最后还住到奥利弗·圣约翰·戈加蒂的马泰楼碉楼里，但不是自己不喜欢，就是被别人讨厌，在这些地方都没有待下去。

乔伊斯甚至找不到一处栖身之地，他因此感到气愤，认为没办法再待在都柏林，所以想要离开这里，到不会让人这么厌恶的欧洲大陆去生活，去创作。下了决心后，乔伊斯想到了诺拉，他想带她一起走，不过却担心，不知道诺拉会怎么想，会愿意跟自己这样一个没钱也看不到前景的人走吗？最后还是好朋友伯恩帮他解开了心里的疙瘩，如果爱她就不要犹豫。

乔伊斯也是在想要离开的时候才确定了自己对诺拉的心意，

自己并不愿离开诺拉。乔伊斯向诺拉告白，并告诉了她这个出走的计划，没有想到诺拉毫不犹豫地答应了，现在剩下的就是两个人一起，马上离开这里。

离开之前，乔伊斯回了趟家，和许久不见的父亲聊了很久，说了很多事情，但没有提到诺拉。他了解父亲，如果让父亲知道自己和一个戈尔韦姑娘在一起的话，那他一定会认为自己是在犯傻，所以只是简单地说了说他在都柏林那些不顺心的事，乔伊斯最后才和父亲说起要离开的意思。因为自己的去意已决，所以父亲的爽快同意无疑让乔伊斯倍感安慰。

有了诺拉的陪伴，父亲的同意，乔伊斯的欧洲之行便只剩下钱的问题，还要为以后到那边的生活做些安排。乔伊斯先是申请了伦敦贝利茨学校的教职，接着就是到处筹集旅费。为了这次离开，乔伊斯毫不客气地和所有人借钱，最后勉强凑足了两个人到巴黎的钱。

离开爱尔兰的那天，乔伊斯的父亲、弟弟妹妹和舅母都来送行了，但为了避免被父亲知道他是和一个女人离开的，所以乔伊斯和诺拉分开上路，上船后才在一起。本以为能够就此骗过父亲，没想到却被父亲的一个朋友看到了，乔伊斯的这次出走竟成了父亲眼中的私奔。

2. 暂时的停留

和上次一个人去巴黎不同，乔伊斯需要照顾在一起的诺拉。在伦敦换乘时，乔伊斯去找过叶芝曾介绍给自己的出版人阿瑟·西蒙斯，想和他谈谈出版《室内乐》或者可以从这里先贷到一部分钱，可惜西蒙斯没在家。乔伊斯的计划受挫，连夜赶到巴黎时，身上的钱也就只够付车马费了。

乔伊斯现在开始要为两个人的生活考虑，他不能带诺拉一起去借钱，所以，乔伊斯把诺拉一个人留在公园里，只说了一句要她在这里等就转身离开了。乔伊斯一步都没敢停，去找一些曾经给过他巨大帮助的人，学生杜丝没在巴黎，不过却幸运地遇到了两年前刚到巴黎时请他吃大餐的那位医生，这次，医生又慷慨地资助了乔伊斯六十法郎。

诺拉一人在公园里等了乔伊斯两个小时，还以为乔伊斯不会再回来了，但她错了。乔伊斯回来了，而且在以后也对诺拉十分专一。

乔伊斯和诺拉没有在巴黎停留，当天夜里就乘火车离开，去了苏黎世。在到苏黎世的第一个晚上，乔伊斯和诺拉第一次在一起。对于两人未来的生活，乔伊斯充满了信心，认为马上就会有一份稳定的工作，还会有时间去继续创作小说。他兴致很高地来到贝利茨学校报到，可校长告诉他的却是，学校近期并没有招聘过老师，所以压根不知道他要来的事情，而且现在学校并没有空缺的职位给他。

乔伊斯因此找到贝利茨学校维也纳总部去，但依然没有结果。在维也纳这样人生地不熟的地方，乔伊斯平时那些借钱的主意都用不上，日子越过越紧张。马上就要走投无路时，救星出现了——阿蒂凡尼。这个人是贝利茨学校的一名领导，不过不是在维也纳，而是在的里雅斯特。这次回总部，阿蒂凡尼又接到了一项新的任务，要在普拉成立一所新学校，正是缺师的时候。

乔伊斯如愿在阿蒂凡尼的新学校找到了英语老师的工作。他和诺拉没敢耽误，简单收拾了一下，便又急急忙忙地赶去的里雅斯特，他们马上就要在那里开始崭新的生活。

阿蒂凡尼办事热情周到。他在乔伊斯之前回到普拉，在报上发布了爱尔兰文学学士詹姆斯·乔伊斯担任教职的公告，并且亲自去码头迎接了乔伊斯。

虽然普拉地方不大，但是它却兼具地方和国际双重特色。乔伊斯很喜欢这里，很快就适应了这里的生活和工作。一周十六个小时的教学，两英镑酬劳，还不错的收入让两个人终于安定了下来，乔伊斯是在距离学校不远处租的房子，这样既方便工作，也方便照顾诺拉。现在不用到处奔波流浪，乔伊斯也可以安心地继续自己的小说创作了。

在学校，乔伊斯认识了阿蒂凡尼的副手亚历山大德罗·弗兰奇尼。他非常喜欢这个极具幽默天赋的新朋友，也为这个只比自己大四岁的人的善良和宽容所吸引。有时，就连乔伊斯都觉得，自己在弗兰奇尼面前会像个孩子一样。不论乔伊斯说出的话怎样不敬，特别是宗教方面，弗兰奇尼都不会在乎，只是包容地一笑。

相处的时间长了，乔伊斯和弗兰奇尼的联系也不再只是工作方面，渐渐地，生活上的接触也多起来。和乔伊斯相同的是，弗兰奇尼也是和女友私奔到这里的。这样一来，诺拉也有了说得来的朋友。乔伊斯也因此省去了一大心病，诺拉的日子不会过得那么无聊。之前，因为诺拉不喜欢这个地方，便总会催促乔伊斯赶快写书出版，挣到钱后就去巴黎。现在，诺拉有了新朋友，注意力也就可以转移一下了。

在学校，教员不多，大家走得都很近。因为弗兰奇尼的关系，乔伊斯家又多了一位常客，弗兰奇尼的助手阿马利娅·格洛博奇尼克小姐。朋友越来越多，生活的开支也多起来。乔伊斯两人的生活过得虽然清苦，在寒冷的冬天不生炉火，不买新衣服，但对朋友却从不小气。只要一有点钱，诺拉就会做些吃的，邀请朋友来家里坐坐。

除了写作，乔伊斯的每日生活更多是和同事的相处。由于本身就是来教语言的，所以乔伊斯开始对这里人们的语言变得很感兴趣。特别是当他发现，弗兰奇尼对意大利语很有研究，正式语和方言都不在话下的时候，乔伊斯来了精神。他提议，和弗兰奇尼交换着教各自擅长的语言。弗兰奇尼一开始还总是笑话乔伊斯讲的意大利语奇怪，现在乔伊斯主动求教，弗兰奇尼便爽快地答应了，而且信守自己的承诺，倾囊相授。

很快，乔伊斯的意大利语便讲得臻于完美。可轮到乔伊斯教弗兰奇尼学都柏林英语的时候，他却总找一些借口推到下一次。同样的事情还发生了一次。学校里的一位德语教员马克沃特，上课总是有板有眼的，乔伊斯经常嘲弄这个人，但从弗兰奇尼那里学好意大利语后，他就如法炮制又和马克沃特学起了德语。

乔伊斯的生活因为学习变得更加充实，转眼过去了两个多月。诺拉虽然有了朋友，但却因为不敢给家里写信，像是和家里人断绝关系一样。想念家人让诺拉适应起这里的日子就更困难了。乔伊斯了解诺拉的心情，因此特地写信给弟弟斯坦尼，要他帮忙打听诺拉家人的消息，但也没有个详细点的结果。

担心诺拉因为无事可做而烦恼，所以乔伊斯在写作的时候，总会找点事情和诺拉一起做，比如将正在写的故事编成笑话讲给她，或者让她读读写好的文章……但这些都不能满足诺拉，乔伊斯也对诺拉丝毫不关心他的艺术很生气，有时也会有争吵。但每次争吵过后，诺拉总会笑着说乔伊斯是个孩子，也就不再计较。

意识到诺拉的坚强和自信远超过自己的认识后，乔伊斯彻底打消了心底的疑虑。也就是在这时候，诺拉有了身孕。到了12月末，诺拉实在忍受不了那间寒冷的小屋，最后，在好心的弗兰奇尼夫妇帮助下，乔伊斯带着诺拉搬去了他们特意腾出来的一间房子。

直到1905年3月份离开普拉之前这段时间，乔伊斯夫妇便一直和弗兰奇尼一家住在一起。两家人的关系也更加密切。

在普拉不到半年的时间，乔伊斯的生活虽然不富裕，但却是过得非常放松的一段时间，人也长胖了一大圈。因为突然在普拉发现了一个间谍团伙，奥地利人借故将所有外国人都驱逐出了普拉。刚好，乔伊斯这时收到了贝利茨总部的调任，他可以去的里雅斯特分校继续教书。

后来的十多年，乔伊斯和妻子儿女一直生活在那里。

3．儿子出生

的里雅斯特是一座美丽的港口城市，也是一座有着悠久历史的古老城市。18世纪晚期，约瑟夫二世开始开发这座城市，后来奥地利政府也一直积极拓展，后来的里雅斯特也就有了明显发展，人们把城区分为老城区和新区。乔伊斯工作和生活的地方是在新区。

和刚到普拉时的感受完全不同，这里的一切都让乔伊斯很感兴趣，老城区那些中世纪风格的建筑，街上来自不同地域人的新奇服饰，拥挤的港口和那精心雕琢过的帆船船头……虽然乔伊斯现在还谈不上喜不喜欢这里，但的里雅斯特却注定是给乔伊斯带来改变的地方。

乔伊斯很快就到贝利茨学校报到，这里给出的工资也要比普拉高，是四十五克朗，而且还是提前发放，所以乔伊斯一到的里雅斯特就没有为钱发愁。

自从离开家，半年多的时间，乔伊斯和诺拉都没添一件新衣服。而的里雅斯特的贝利茨学校又比普拉讲究得多，非常注重教职人员的个人风貌，要足够绅士才可以，乔伊斯在普拉任教时穿的套装显然不够体面，有同事甚至因此当面奚落过他。

一天，乔伊斯和一位操着伦敦口音的英语教师走了个对面，相互打过招呼后，那位老师居然又停下来，特意回头，语气傲慢地问道："你知道怎么穿衣服会让人显得更有绅士风度吗？"乔伊斯被问得一愣，听完接下来的话才明白。"因为我注意到，有些人性格怪僻，穿衣服也没什么美感，什么颜色的衣服都穿。但他们不知道，其实只要穿灰色的就可以避免暴露缺少鉴赏能力这件事。"说完就大摇大摆地走了。

看着这样一个庸人，乔伊斯只是站在那里，一句话都没说，但心里就像是着了一把火，在心里狠狠地咒骂着这个人。乔伊斯在教员中间总是会被一些"庸人"排斥，不过乔伊斯在学生中间还是很受欢迎的，因为班里几个有钱的学生觉得这个年轻人教得很好，有一个商人还经常带朋友来向乔伊斯学习英语。

在普拉时，乔伊斯的学生多是海员，在的里雅斯特则不同，这里的贝利茨学校是贵族们看重的地方。由于乔伊斯的出色教学，受到了这些贵族们的肯定，校长阿蒂凡尼有些担心乔伊斯会离开这里，自立门户，所以明言警告过他不能这么做。但除此之外，阿蒂凡尼对乔伊斯生活方面一直都非常照顾。乔伊斯的工资要比之前高出许多，可欠债度日成了他生活的一定之规。每次乔伊斯开口借钱，阿蒂凡尼都会毫不犹豫地把钱借给他。

刚到的里雅斯特的时候，诺拉的怀孕体态还没太明显，可在租的地方刚刚住了一个月的时候，房东知道诺拉是个孕妇后，就没再让他们住下去。后来才知道，在这里，几乎没有人愿意把房子租给带着婴儿的房客。所幸还有例外，在学校附近的一条街上，乔伊斯租到了一处不错的房子。

不管是学校工作，还是个人创作，乔伊斯一直都完成得很顺利。现在最大的事情就是有孕在身的诺拉，在普拉的时候天气太过寒冷让她没少受罪，来到的里雅斯特又赶上夏季的来临，高温天气让诺拉每天都无精打采地躺在床上，加上这里的女人们都不容易亲近，还总因为落时的服装和日渐臃肿的身体遭到嘲笑，诺拉的心情烦躁，也经常哭。

乔伊斯从知道诺拉怀孕开始，就写信通知了弟弟，要他帮忙看一些有关胎儿发育的书籍，却没想到学到的育儿知识没用到，现在对孕妇孕期中的症状也束手无策，也只好接受诺拉自己的观点，她的身体不适是因为水土不服造成的。

日子就这样一天天过去，诺拉的产期终于快到了，乔伊斯却又开始在晚上大量饮酒。诺拉的烦恼又多了一项，不知道乔伊斯晚上几点回家，总是提心吊胆的。一天晚上，都已经过了12点，乔伊斯还没回来，诺拉只好一个人挺着大肚子去找弗兰奇尼帮忙，让他去找找乔伊斯。后来弗兰奇尼在一个小水沟里找到了烂醉如泥的乔伊斯。乔伊斯酒醒过来，意识到自己的行为给诺拉带来的伤害，喝酒才收敛一些。

醉酒这件事过去有大概二十天的时间，一天下午，乔伊斯刚要和诺拉一起出门走走，结果诺拉肚子疼了起来，本以为是消化不良，可肚子疼持续了很长时间，乔伊斯赶紧叫来了房东太太，这才知道诺拉是快要生产的前兆。正好乔伊斯的学生中有一名医生，他便马上找来了这位学生帮忙接生。晚上9点钟的时候，房东太太开心地出来报喜信儿，"是个漂亮的男孩儿！"乔伊斯接过孩子，充满慈爱地哼起了小曲儿。

诺拉母子平安，乔伊斯马上发了一封电报回家，后来还写了封信给弟弟斯坦尼，和他分享了有了儿子乔治的一些心情和想法，譬如不打算让孩子接受洗礼，孩子随父姓还是母姓等他长大自己选择……当然，信里也没有少了借钱这件事。乔伊斯毫不讳言对身为人父的极其看重，不仅在学校演讲中会朗读为爱子创作的诗歌，还会骄傲地告诉后辈，"对一个男人来说，最重要的就是要生个孩子！"

孩子出生，诺拉的情绪开始平静下来，乔伊斯也相对轻松起来，特别是弟弟斯坦尼来的里雅斯特之后。乔伊斯和斯坦尼一同在贝利茨学校教学，和弗兰奇尼合租了一处更大的房子。松弛下来的乔伊斯又开始了大量饮酒的日子，诺拉这时既要照顾孩子还要担心乔伊斯的安危，也是忙得手忙脚乱，对乔伊斯的埋怨也多了起来。

祸不单行，乔伊斯辛苦写完的几本书终于到了要出版的时候，结果却接二连三遭遇不幸——出版商弄丢了书稿、印刷商不满意篇章题目……乔伊斯为书籍出版忙得焦头烂额的时候，贝利茨学校又出了问题，负责人携款潜逃，阿蒂凡尼提醒他和斯坦尼要早找出路。

　　没有办法，两兄弟只好再找工作。乔伊斯很快通过报纸广告找到了一份在罗马银行的工作，负责信函处理，8月份开始上班。

　　乔伊斯不在意在罗马做怎样的工作，他喜欢的是迁居这件事，可以不用总待在一个地方。乔伊斯靠着这种来回迁居、醉酒的不安生活来避免让心灵平静，所以，当他一收到罗马的答复后就立刻收拾行李，带上诺拉、乔治，急忙赶赴下一座城市。

4. 与父亲和解

　　每到一个新的地方，所有的事情都要重来一次，租房子，适应新环境，和新的朋友熟悉，也有无论到哪儿都会坚持做的两件事：写作和喝酒。

　　不过，自从到了罗马，乔伊斯的这两件事都非常不顺利。工资不再是一周一发，而是一月一发，乔伊斯的钱很快就会用完，总是要为借钱动脑筋。哄骗弟弟无疑是最快的方式，但也没有持续太长时间，斯坦尼也满足不了他的大胃口，乔伊斯的物质生活也因为不小的酗酒开销陷入困境。而且半年的时间，乔伊斯也没有创作出满意的作品，他开始抱怨罗马，抱怨意大利人。

　　1907年3月，乔伊斯的《都柏林人》再一次被退稿，他整个人都提不起精神来，再换一份工作的想法也没有实现，最后，乔伊斯又一次选择了逃离，回到的里雅斯特。

　　再次回到的里雅斯特和第一次不同，不仅没有工作在等他，而且斯坦尼早就在信中说明，不会再借钱给他，阿蒂凡尼也一样，但乔伊斯却没把事情放在心里，因为他有信心说服他们。乔伊斯知道弟弟心疼乔治，所以知道，只要他看到乔治就不会狠心不帮自己。阿蒂凡尼方面，就算是学校真的不缺教员，为了不让自己在外面单干也会慎重考虑的，所以重回学校教书也不是难事。

一切都和想象中的一样顺利，乔伊斯很快就又回到了贝利茨学校的课堂上。接连的好运还没结束，老朋友弗兰奇尼现在在一家报社工作，特别介绍了一份适合乔伊斯的工作——用意大利语来撰写有关帝国主义国家在爱尔兰的劣行的文章。终于有机会施展学得不错的意大利语，乔伊斯爽快地答应下来，并立即准备，在半年时间内发表了三篇文章。文章的相继发表一定程度上宣传了乔伊斯本人。

一开始还只是乔伊斯的学生关注，很快，乔伊斯演讲时的听众就挤满了礼堂，受到各方面的恭维。因为一连半年的时间都是在研究爱尔兰，乔伊斯的感情也开始有了变化，不再是愤怒和厌恶，字里行间开始流露出对爱尔兰的担忧，这种心情帮助他靠近了爱尔兰，也让他想要修复和父亲之间的关系。

转眼间，乔伊斯已经离开爱尔兰有三年的时间。当初离开的时候，乔伊斯没有让父亲知道他是和一个女人一起离开的，但不巧的是，那天在船上被父亲的一个老朋友看到。于是，乔伊斯之前和父亲说的出走，在父亲眼里就变成了私奔。乔伊斯透过和弟弟的联系，知道了父亲对自己的不满，也就一直没有联系父亲。直到后来诺拉生产之后，乔伊斯在罗马收到过一封父亲的信，虽然父亲表示了谅解，但乔伊斯却拒绝再联系。

乔伊斯在信中明确表示，愿意尽全力满足父亲的要求，但却不想和父亲再联系。当时乔伊斯还在银行工作，可不久之后就丢了工作，匆忙离开了罗马。就在乔伊斯以为父亲也不会和自己联系的时候，两个月后，在的里雅斯特，他又收到了父亲的来信。

父亲的信还是没有少了关于钱的问题，这是乔伊斯能够预料到的，不过也有让他感到意外的事情，关于他和诺拉私奔这件事，父亲非常坦诚地表达了心中的沮丧，"也许在你看来，带着一个女人离开我，离开爱尔兰是你自己的事情，可你的这一行为却让我痛心不已，我难以抑制的愤怒也是由于内心的痛苦和失望，……你一直是我生活的希望，你能体会希望瞬间湮灭，未来忽然黑暗的痛苦吗？……"

乔伊斯这次只是寄去了钱，了解了父亲心中的沮丧和痛苦，他的回信没再说无情的话，而是打心里想要与父亲和解，也因此第一次有了回一次爱尔兰的想法。为此，乔伊斯主动找过米兰《晚间邮报》，提出要写一份有关都柏林博览会的文章，这样就可以不用为往返路费发愁，可惜，报社拒绝了他的请求，回乡一事也就没再提。

时间一久也就耽搁下来了，《室内乐》的出版经历了一番周折，乔伊斯又因为酗酒生病住进了医院，之后没几天，女儿露西亚出生。等到乔伊斯病愈出院后发现，阿蒂凡尼已经将贝利茨学校转租给别人，断定自己和新管理层合不来后，乔伊斯没打招呼就离开了，然后做起了一直都想做的——家庭教师。

做家庭教师的收入并不稳定，乔伊斯一直想要回都柏林去看看父亲，却因为始终没有钱而没成行。一直到1909年7月，乔伊斯突然收到一个学生提前交来的一年的学费，有了钱后的乔伊斯马上带上孩子启程了。

一别五年，乔伊斯终于带着儿子乔治回到了都柏林。一心想着见到父亲后和解的，但乔伊斯却什么话也说不出来，只把乔治向父亲面前推了推，要他喊爷爷。回想当初离开的样子，现在又见到站在面前的儿子孙子，乔伊斯明白父亲心中的感慨。

回来后的第二天下午，天气很好，乔伊斯陪着父亲一起到乡间散步，一路上，两人都默契地没有言语，包括停下来在路边的小酒馆里喝一杯，那种情景就像乔伊斯没有离开过五年一样。

喝过酒后，父亲径自走向酒馆角落处的一架钢琴，边弹边唱起来。父亲唱完后坐回位子上，"你知道我弹的是什么吗？""当然知道，这是《迷路的女人》中的咏叹调，是男主的父亲唱的。"乔伊斯回答道。父子两人相视一笑，都没有再说话，只是两人间的气氛轻松多了，乔伊斯明白，他和父亲早已经和解了。

和父亲的心结打开了，乔伊斯便轻松地去见见亲友，也打算带上乔治去一趟戈尔韦，看望诺拉的亲人，不过却被朋友科斯格雷夫打乱了计划。科斯格雷夫依然不思上进，漫无目的地生活着，当乔伊斯说起自己的成功时，却激起了朋友心中的怨气。科斯格雷夫很快将话题扯到诺拉身上，并旁敲侧击地告诉乔伊斯，当初诺拉并不是隔一天晚上在工作，而是和他在一起。

乔伊斯相信了科斯格雷夫的话，感觉备受伤害和打击。在等着弟弟给寄返程路费的时间里，乔伊斯心烦意乱，于是去见了挚友伯恩。伯恩信任诺拉，坚定地认为科斯格雷夫是在说谎，而这样子的方式绝少不了戈加蒂的帮忙……伯恩的一番劝说终于让乔伊斯清醒过来。

如果不是伯恩，乔伊斯只想着要马上回的里雅斯特质问诺拉，对于要做的事情一点心思也没有，现在终于能够继续处理此行的另一个目的——作品《都柏林人》的出版。

5. 沃尔特电影院

　　乔伊斯不再因为怀疑诺拉而心烦意乱，但却做出了一件让自己懊悔不已的事情，他在心烦意乱的时候写了不少信给诺拉，质问她是否真如科斯格雷夫说的一样，对自己不忠。乔伊斯一直都没有收到诺拉的回信，更加愧疚对诺拉的残忍，更着急结束在都柏林的事务，回的里雅斯特当面道歉。

　　《室内乐》已经在的里雅斯特出版发行，但最早写好的短篇小说集《都柏林人》却始终没能出版，这次回都柏林，也希望能解决这个问题。

　　乔伊斯和蒙塞尔公司的乔治·罗伯茨是老朋友，所以就直接想到要找他帮忙。一天晚上，乔伊斯约了罗伯茨出来喝酒，说了要找他帮忙出版《都柏林人》的想法。罗伯茨并没有给乔伊斯确定的答复，而是需要和公司的另一个主管霍恩商量，约定一周后和霍恩一起再见面，到时会有明确的答复。

　　一周后，乔伊斯如约来到蒙塞尔公司找罗伯茨，也见到了霍恩。不出乔伊斯所料，结果是肯定的，蒙塞尔出版公司决定出版《都柏林人》，而且条件相比格兰特·查理兹当初同意又反悔的那次还要优惠一些。会谈成功，两天后，乔伊斯和蒙塞尔公司签订了合同。

　　《都柏林人》一书的顺利签订，也让乔伊斯和蒙塞尔出版公司结缘，还约好会把现在在写的《英雄斯蒂芬》交给他们出版。

原定的两周返乡之旅，现在又延长了半个月。乔伊斯带着乔治回了一趟戈尔韦，看望了诺拉的家人，加上要给兼职报纸撰写爱尔兰的文章，乔伊斯更是参加了不少活动。当这一切都处理完，乔伊斯带上乔治，马上赶回了的里雅斯特。

五年来，乔伊斯第一次和诺拉分开这么久。因为科斯格雷夫的几句话就怀疑相伴五年的妻子，乔伊斯自责不已。诺拉的宽容超乎乔伊斯的想象，乔伊斯也因为这件事更加崇拜诺拉的坚强。

现在和都柏林的联系一下多了起来，一个月后，乔伊斯又返回都柏林，这还得多亏妹妹的提醒。

乔伊斯的妹妹伊林跟着一起回来的里雅斯特，可是没多久就想家，想要回都柏林。只是没想到，没几天的时间，妹妹就喜欢上了这里的电影院，而都柏林那时还没有。"真奇怪，这么大的都柏林怎么都没有这样一间电影院呢？"伊林沮丧的几句话却触动了乔伊斯的心。

乔伊斯本是个没有经商头脑的人，不知怎么就对这件事上了心，在心里盘算起在都柏林开一间电影院的事情来。乔伊斯没有钱，自己做不成这件事的，那就需要找到能够支持他的想法，又有能力做这件事的合伙人才行。

当时的里雅斯特成功的两家剧院和一家电影院都是由四个小企业家共同完成的。四个人中，自行车商诺瓦克是技术专家，于是，乔伊斯只找了另外三个人，家具商马可尼奇、纺织品商卡里斯和皮革商雷贝兹。乔伊斯没有直接找这些人，而是让朋友尼科罗·维达科维奇帮忙安排的见面，他知道维达科维奇和这些商人也很熟悉。

第一次和这些大胆又谨慎的商人打交道，乔伊斯感觉很不错。简单介绍后，乔伊斯随意说了一句："一个有50万人口的大城市却没有一家电影院，你们觉得奇怪吗？""在哪儿？"三个人异口同声问道。对于这么有价值的信息，乔伊斯可不想一下子就把它卖了，直到聚会快要结束时，乔伊斯才不慌不忙地说出名字——爱尔兰。三个人把地图拿出来，乔伊斯指了指他知道的几处还没有电影院的地方，都柏林、科克……

　　确定吸引了三个商人的兴趣，乔伊斯继续提出进行这个项目的方法："如果你们确定要在爱尔兰的这些地方开电影院，我愿意暂时放下学校里的工作，先回都柏林做一些准备工作，租一间大厅和其他筹备事项。而且，你们早期也不用投入太多，只要负责我往返两地的路费和每天的补贴。如果事情顺利，你们只要筹办开业就行，如果有什么意外或麻烦不能继续下去，你们也不会有太大损失。"

　　乔伊斯的说辞打动了这些合作伙伴们，现在剩下的就是谈妥乔伊斯能够享受的利润比例。由于乔伊斯不出钱，所以也享受不到平等份额的利润分成，但乔伊斯为这件事放弃了自己的工作，勉强获得了百分之十的利润。律师朋友维达科维奇为他们起草了合作协议，五个合伙人签字后，乔伊斯立刻动身回了都柏林。

　　三天后，乔伊斯回到都柏林。这次投资让乔伊斯一直感觉很兴奋，不仅路上没有耽搁，而且到了都柏林后更是一刻都没停。一个星期的时间，乔伊斯就在都柏林的一条主街道找到了合适的房子，还弄到了安装电器的工程报价。

　　又过了一个月，合伙人马可尼奇和雷贝兹才来都柏林。两人经过实地考察，安排合伙人诺瓦克过来负责管理电影院，还请了专人操作电影放映机。二十天后，沃尔特电影院顺利开业。当地晚报还以专题形式做了报道，盛赞影院水准，还特别提到了为影院开业不辞辛苦的詹姆斯·乔伊斯。

在筹备电影院开业的两个多月的时间，乔伊斯一直忍受着虹膜炎和坐骨神经痛的折磨。几个妹妹认为乔伊斯旧病复发是因为已经不适应都柏林的生活环境。所以，电影院开业稳定后，1月2日，乔伊斯就在妹妹艾琳的陪伴下，回到的里雅斯特。

不过，的里雅斯特的环境也没能让乔伊斯的病有所好转，只能静养。只是，沃尔特电影院没有像开业时那般辉煌，经营一直都不景气。半年后，沃尔特就因经营不善而面临着倒闭的危机。乔伊斯本想能在转让影院后分得一份，结果因为合伙人损失巨大，他自然什么也没得到。

忙碌了近一年的事情，乔伊斯最后什么也没得到，还丢了工作，身体也总不见好。家人过着紧张的日子，也是争吵不断。

第六章　辉煌的事业

1．作品得到认可

电影院的倒闭，乔伊斯也承认和自己在后期运营中投入的关注不够有关。不过乔伊斯并没有因此而过多苦恼，毕竟，在都柏林让他挂心的不是只有沃尔特，还有他更为关注的——《都柏林人》的出版。

按照和蒙塞尔出版公司签订的协议，乔治·罗伯茨早就应该把《都柏林人》书稿的校样寄给乔伊斯，但乔伊斯却迟迟没有等到这份寄件，不断收到的却是，因为文章措辞太过激烈，所以要求更改用词或语段的信件。乔伊斯同意做一些修改，这种修改工作持续了半年之久，一直到1910年3月，罗伯茨写信来说会在4月份把校样寄给他，5月份就会安排出版。然而，罗伯茨又一次食言，并且不断抱怨乔伊斯的修改作用不大。

乔伊斯和罗伯茨的矛盾也因此加深，当罗伯茨要求乔伊斯对涉及政治人物的篇章做整段修改时，乔伊斯拒绝了。他认为，文章《常春藤日》中涉及的政治人物在位时，之前的出版商格兰特·查理兹都没有反对，现在这个政治人物都已经去世了，罗伯茨更没有理由反对。可是，罗伯茨却在之后没有联系乔伊斯，出版《都柏林人》一书的事情也没再提，没有说放弃，只是不停地往后拖。

乔伊斯忍受不了这么漫无目的的等待，《都柏林人》的出版已经成了他关注的焦点，因此，乔伊斯不停地写信给罗伯茨，但罗伯茨一直回应冷淡。一转眼一年过去了，到12月底的时候，乔伊斯收到的回信上说，书的出版定在了第二年1月份。乔伊斯又在等待中过了一个月，结果，罗伯茨再次将日期推迟，并要求他删除所有有关英国国王的文字。

乔伊斯没有像上一次那样动怒，而是先咨询了一位都柏林的律师。律师建议乔伊斯接受罗伯茨的建议，修改内容，因为乔伊斯的正式居住地在国外，如果在都柏林起诉蒙塞尔公司违约的话，他需要交付一百英镑的保证金，而且并没有绝对的胜算。乔伊斯本想走法律途径，争取权利，结果也行不通。

《都柏林人》出版不了，乔伊斯也无心做其他的事情，情绪也因此越来越差。一天早上，保姆都已经到了，乔伊斯还不想起床，还要诺拉也不要起床，诺拉不肯，乔伊斯一下就恼了，拿起床头放着的《艺术家写照》的手稿就扔到了炉火里。要不是正巧妹妹艾琳进来，及时把手稿给抢了出来，恐怕《艺术家写照》就真的不存在了。等乔伊斯冷静下来，也对艾琳表示了感谢，他说，要是手稿没了，恐怕有些东西是再也写不出来的。

尽管保住了《艺术家写照》的手稿，但乔伊斯却无心继续创作。他把那些经过烟熏火燎的手稿好好整理了一番，用一张旧床单包好收了起来。这件事让乔伊斯平静了不少，不再那么心烦气躁。既然法律手段行不通，乔伊斯只有不停地写信催促罗伯茨。

罗伯茨显然有耐心得多，总是长时间沉默，一个字也不回复。半年后，乔伊斯气急败坏地写信给他，告诉他，如果不回信的话，会把这次出版引起的争端告知新闻界，还会提起诉讼。同时，乔伊斯还写信给霍恩，让他帮忙调解，可这些都没动摇罗伯茨。乔伊斯最后竟然把信写到了国王那里，不过收到的只是例行回复，并没有实质改变。但乔伊斯这时已经忍无可忍，他把《都柏林人》从第一次交给理查兹开始的全部过程写成了文字，以公开信的形式寄给了爱尔兰新闻出版界，就算《都柏林人》不能出版，他也要让所有人都知道爱尔兰作家的现状。

可是，乔伊斯使尽浑身解数，罗伯茨仍然毫无反应，《都柏林人》的手稿还是纹丝不动地待在蒙塞尔公司。倔强的乔伊斯却从来没有放弃过，对他而言，这件事一定要有个结果才行。不过，在报纸上公开这件事后，乔伊斯就没再那么紧跟不放，在观察了各方面的反应后，乔伊斯明白，这注定是一场持久战。

乔伊斯不会放弃《都柏林人》的出版，但生活还是要继续。乔伊斯还是通过教授英语补贴家用。1911年底的时候，他开始想要在公立学校教授意大利语，所以开始为申请教职而努力，考试成绩不错，可要正式任教却必须在确认他的学位之后。朋友们知道这个消息后，都认为意大利的官僚们没有公正对待乔伊斯，也都开始积极帮助乔伊斯找新的工作。

工作还没有落实，乔伊斯还想继续想办法说服罗伯茨，于是就趁着这段时间回了一趟都柏林，诺拉已经有八年没回过家，这次，乔伊斯也带上了诺拉和露西亚回戈尔韦看看。只是没有想到，这也是乔伊斯最后一次回爱尔兰。

乔伊斯和罗伯茨当面谈也没有什么实际作用，罗伯茨比想象中更冷酷，这次回来乔伊斯才知道罗伯茨和很多作家都发生过争执。不过罗伯茨的一句话却提醒了乔伊斯，让乔伊斯又看到了新的希望。罗伯茨建议乔伊斯再去找第一次的出版商格兰特·查理兹，说服他接受印刷，毕竟当初理查兹拒绝的原因只是因为没有找到一个愿意排印这本小说的印刷商而已，而现在经过修改，已经不会再有"道德"问题了。

罗伯茨的提议固然不错，不过乔伊斯却不愿意这么做，直到和罗伯茨，甚至和爱尔兰的僵持让乔伊斯感到绝望时，乔伊斯才动笔给查理兹写了一封信。结果，这封信也石沉大海，没有回应。

做不通罗伯茨的工作，查理兹也没有回音，乔伊斯只好再找别的出版商。功夫不负有心人，1913年底，事情终于有了转机。乔伊斯收到查理兹寄来的信，请求再看一次《都柏林人》。

乔伊斯收到信后，给查理兹回了信并寄去了书稿，要求他一周给出答复。出乎意料的是，十天后，查理兹同意出书。1914年，这真是神奇的一年，《都柏林人》的出版历经十年坎坷，终于尘埃落定，能够出版了。乔伊斯百感交集，并没有计较合同对自己的不利。

好事多磨，现在《都柏林人》顺利出版，而且各方评论都很不错，也为日后乔伊斯出版书籍开了一个好头。

2．迁居苏黎世

好事成双，就在《都柏林人》出版终于有了着落的时候，乔伊斯又认识了生命里的一个贵人——庞德。

1913年12月的一天，乔伊斯收到了一封署名埃兹拉·庞德的来信。和其他拐弯抹角找他要作品的出版商不同，庞德的直截了当也引起了乔伊斯的注意。

庞德在信中交代了自己的身份，他在英国为两家报刊负责征集文学作品，还为美国两家杂志社组稿。之所以会给乔伊斯去信，也是因为叶芝的不断提起引起了自己的兴趣。庞德将每一类作品会发表在哪一类刊物上，以及相应的报酬都说得非常清楚，如果乔伊斯要寄作品过去的话，可以把自己的目的和稿酬标准告诉他。

乔伊斯还没来得及回信，庞德的第二封信就到了。庞德已经从叶芝那儿知道了乔伊斯的《我听见军队》这首诗，想要将诗收入他主编的诗集《意象主义者》中，并且愿意支付稿费。这封信给了乔伊斯莫大的鼓励。他立即将《艺术家年轻时的写照》的第一章做了修改，连同《都柏林人》一起寄给了庞德，并焦急地等待着庞德的回信。

庞德在回信中的肯定让乔伊斯倍感安慰，感觉终于遇到了一个懂自己作品的人。庞德认为乔伊斯的长篇小说写得非常好，是在当今这个时代里难得一见、值得一读的书。除了对乔伊斯的作品给予了莫大的肯定，庞德还推荐乔伊斯寄一些类似《我听见军队》这种以真实客观见长的诗作到《诗歌》杂志，那儿的稿酬丰厚。

庞德是一个在美国、法国、英国文学界中都很活跃的人，给美国两家刊物做指导、熟识英国报纸杂志社的很多员工、与法国报业老板也有联系……是当时最激进的文学改革者。庞德确信叶芝是这个时代最优秀的诗人，与叶芝联系紧密，从而知道了乔伊斯。乔伊斯一直渴望被人发现，而刚好庞德乐于并且善于、渴望发现人才，这让两人合作起来很愉快。对于庞德的建议，乔伊斯也都欣然接受。

庞德认为乔伊斯的小说作品适合发表在英国《唯我主义者》上。《唯我主义者》的前身是《新自由女性》，是由倡导女权主义者的多拉·马斯登创办的，后来发展成关注不分性别的人类灵魂解放。所以庞德直接将《艺术家年轻时的写照》第一章拿给了现任主编马斯登小姐，马斯登立即同意发表，从2月份第一期开始连载。知道这一消息的乔伊斯非常开心，因为那一天刚好是自己32岁的生日。

为了能够让更多读者注意乔伊斯的《艺术家年轻时的写照》，庞德还特意在连载之前就发表了一篇文章——《奇特的经历》，收录了乔伊斯曾经写给爱尔兰新闻出版界的，关于《都柏林人》不断遭到拒绝的材料。《艺术家年轻时的写照》在《唯我主义者》上的发表果然反响不错，由于是定期连载，乔伊斯必须适时交稿，这也促使他尽快完成《艺术家年轻时的写照》这本书。

《都柏林人》6月份正式出版，庞德曾在报刊发表文章，坚定地认为《都柏林人》的短篇小说标志了爱尔兰文学的一个新主题，是英语散文文体的恢复。另有评论家称，从这些短篇中看到了一个天才的出现。这部一度让乔治·罗伯茨心生恐惧的小说现在不仅顺利出版，而且好评如潮。

充实的日子持续到8月份，第一次世界大战爆发，《艺术家年轻时的写照》的连载进行到第三章便宣布暂停，乔伊斯勉强将《艺术家年轻时的写照》结束，本想开始的《流浪者》和《尤利西斯》却没能进行下去。局势动荡，弟弟斯坦尼因为言论激进被关进了奥地利的拘留所，直到战争结束才被放出来。乔伊斯虽没有这般不幸，但生活却沉寂下来。他获准在贝利茨学校教书，斯坦尼的学生也转到他的课上，另外还继续做家庭教师，个别教授英语。

1915年5月，意大利也参加了战争，但乔伊斯却没有想要离开的意思。他关注的只有自己的创作，《流浪者》就快要完成了，《尤利西斯》也进行到第三章了。不过，局势不是由乔伊斯控制的，的里雅斯特的意大利居民让这座城市成了一座潜在的危险区，乔伊斯别无选择，只得准备撤离。一个月后，乔伊斯带着全家离开的里雅斯特，前往瑞士。选择瑞士，对乔伊斯而言，那不仅是一个临时避难所，而且还是个有着艺术超然标志的地方。

乔伊斯本可以去布拉格，庞德建议他去英国，但他选择了苏黎世。用乔伊斯自己的话说，这里不仅是越境后的第一大城市，也是当初和诺拉从巴黎离开时到的第一站。虽然他也并不是很喜欢这个地方，但是这座城市的清洁却让他们大为感叹，和的里雅斯特的大大咧咧不同，苏黎世干净极了。

随着《艺术家年轻时的写照》的连载，乔伊斯的名气也大起来，刚到苏黎世不久，就填写了《名人录》表格，尤其是在伦敦读者的眼中，乔伊斯十几年的流亡生活增添了他的传奇色彩，生活的艰难从远处望去似乎成了浪漫的事，但乔伊斯的生活并没有因此好转，来到苏黎世后，一直是依靠诺拉的舅父接济才得以安顿。

乔伊斯一直过着没有钱的日子，不过，不久之后钱来找他了。庞德鼓动叶芝，让他设法从英国皇家文学基金会帮助乔伊斯弄到一笔赠款。

皇家文学基金会是一个私人基金会，一百多年来致力于帮助有为作家。不过帮助乔伊斯申请基金的事，叶芝和庞德认为最好是找埃德蒙·戈斯出面，他是英国人，而且在基金会担任职务，比较好说话，所以，叶芝在了解乔伊斯的一些具体情况后，三次写信给戈斯，说明乔伊斯需要帮忙的处境，并坚定地表示，他相信乔伊斯是个天才。为了确保乔伊斯能得到捐助，叶芝还给基金会秘书写信，用乔伊斯的作品为其证明，他确实拥有过人的才华。

基金会的秘书答应了叶芝的请求，让乔伊斯写一份关于自己情况的报告寄过去。乔伊斯在回信中，把自己这些年创作的作品以及生活收入来源之类的情况都做了仔细说明。申请在一步步进行着，可心急的庞德担心基金会不能认识乔伊斯的价值，还特意言辞激烈地写了一封信褒奖乔伊斯。

在叶芝和庞德的不懈努力下，乔伊斯终于获得了皇家文学基金会授予的赠款，一共75英镑，分九个月付清。这件事对乔伊斯意义重大，不仅在钱，重要的是，乔伊斯的作品还获得了半官方的认可，这会为他赢得更多的赞助，乔伊斯第一次有了站稳脚跟的感觉。

3．眼疾复发

苏黎世不仅是瑞士最大的城市，也是最主要的经济和文化中心，而且由于瑞士在战争中的中立国地位，因此成了当时许多持有不同政见者和一些艺术家们的避风港。

乔伊斯本打算在战争结束后再回到的里雅斯特，苏黎世只是暂时的避难所，因此，刚开始到这里的时候还是租住的旅馆，住了半个月才开始找房子，而且找的房子也都是带家具的。后来经过两三次搬家才最终稳定下来。

虽然乔伊斯一家都非常怀念的里雅斯特的一切，但他们还是很快发现了苏黎世有意思的地方。乔伊斯到这里时，战争已经开始了有一年的时间，所以这个时候的苏黎世到处都是避难的人，有投机倒把的商人，有政治上的流亡者，也有和乔伊斯一样的艺术家……1915年秋季，就有几个文学青年，在旧城区的伏尔泰酒店里面，发起了一场超现实主义的运动，组织了一个名为"达达"的文学团体。

乔伊斯虽然很不喜欢苏黎世闷热潮湿的天气，但却非常喜欢这里的气氛，一种可以在文学上进行实验创新的气氛，在这里也的确对他创作《尤利西斯》很有帮助。

初到苏黎世，乔伊斯没有固定工作，依然依靠个别教授英语得些收入，虽然有了庞德和叶芝帮自己争取来的基金会的赠款，也有诺拉舅父的接济，但钱总是不够用。乔伊斯的名气为他吸引来了不少新的朋友，社交活动的开支也是一笔不小的花销。

1915年底，乔伊斯终于找到了一份有稳定收入的工作，为一家外文报刊做翻译。他的雇主名叫西格蒙德·费尔博根，是一位来自维也纳的大胡子教授，依靠美国人资助出版了这份报纸。报纸使用英、德两种文字，主要讨论的是战争情况。乔伊斯在这里工作了几个月的时间，翻译工作无懈可击。

经过长时间的接触和认识，也改变了费尔博根对乔伊斯最初的看法，乔伊斯也喜欢这位古道热肠的教授先生，经常和他一起讨论文学、文学家。可惜报刊的寿命不长，1916年初就停刊了，不过，乔伊斯却依然和费尔博根保持联系。

1916年，战况更加惨烈，即使乔伊斯在瑞士从来不参与任何政治活动，甚至很少谈及战争，一直是中立态度，但战争却实实在在地和每一个人都扯上了关系。1915年底，乔伊斯的朋友被征召入伍；1916年复活节前后，乔伊斯的两个老朋友在都柏林发生的一场暴动中失去了生命，9月，朋友玛丽·希伊的丈夫在与法军的作战中阵亡。乔伊斯发自内心地怜悯和同情朋友的遭遇，却依然拒绝发表任何有关对战争的看法。

由于战争的原因，好不容易刚刚出版的《都柏林人》却越发不好卖。两年时间，销售量从499册降到7册，乔伊斯不得不关注起销售问题。《艺术家年轻时的写照》在《唯我主义者》的刊载到1915年9月就已经结束了，但乔伊斯却找不到愿意出版这本书的出版商，原因也是战争，查理兹拒绝的理由就是在战时找不到愿意读这种书的读者。

　　乔伊斯再一次为出版书籍奔波，可是所有的出版商都没有给出明确答复，尽管很多人肯定《艺术家年轻时的写照》的价值，不过没有人愿意冒这种险。

　　乔伊斯还没有从《都柏林人》的出版中获益，《艺术家年轻时的写照》在《唯我主义者》上连载了一年多的时间，最后主编也只给了五十英镑。好在一直有庞德的关注和帮助，就在乔伊斯再次陷入这种困顿中时，庞德又一次伸出援手，为他弄到了一份英国荣誉年俸。

　　庞德知道叶芝领取了一份荣誉年俸，因此想到也帮乔伊斯弄一份。和上次一样，庞德想尽办法推荐，去找所有能够帮忙的人，将他所理解和看到的乔伊斯呈现出来，为乔伊斯争取。1916年8月，乔伊斯得到了首相亲自授予的一百英镑荣誉俸金。除此之外，由于庞德的作用，乔伊斯还得到不少来自私人和作家协会的资助。

　　出版的事情一波三折，但庞德和叶芝的支持还是又一次让乔伊斯打起了精神。乔伊斯给他们去信表示感谢，继续对未来充满希望，希望一切都能顺利一些。他的顽强精神也终于得到了回报，在这一年年底，美国的一位出版商许布希从格兰特·查理兹那里买了印张，出版了美国版的《艺术家年轻时的写照》。

　　1917年2月，《艺术家年轻时的写照》的英国版也出版了，按说这是件大喜事，可乔伊斯的身体这时候又出问题了。乔伊斯的眼疾是在的里雅斯特就有的，没想到1917年初突然变得严重起来，而且没有什么征兆。

那天，乔伊斯正在街上走着的时候，眼睛突然一阵剧痛。疼痛持续了二十多分钟，乔伊斯一直不敢动弹，后来稍微缓了缓，他才努力地爬上一辆电车回了家。乔伊斯第一次因此感觉到害怕，特别是听到医生告诉他，这是青光眼和虹膜炎两种视网膜疾病一起发作引起的，如果不治疗的话就会导致失明。

眼病的发作持续了有一个月的时间，乔伊斯有很长时间都不能再读书写字，直到4月份都在接受医生的治疗。乔伊斯的眼睛从没有像这次这样持续这么长时间都没有好转，这一点让他非常沮丧。

4月底，青光眼开始疼痛，医生建议乔伊斯动手术切除虹膜。不过乔伊斯拒绝了，尽管他通过庞德获得的美国专家的建议也是如此，他还是没有同意。两个月后，乔伊斯觉得看书写字已经问题不大，还能不戴墨镜就出门，认为病情已经在好转，一再推迟手术。只是，乔伊斯不能离医生太远，因为青光眼很危险，而且他的脾气又太暴躁，很容易复发。

患病期间，乔伊斯依然尽最大努力继续创作《尤利西斯》，这也为他赢得了很多来自国外的赞美和支持。无奈这一年疾病不断，眼睛刚刚有所好转，乔伊斯又因为扁桃体发炎病倒了。

8月，医生建议乔伊斯去温暖的地方过冬，诺拉选择了洛迦诺，并且带着孩子先过去了。乔伊斯还没来得及动身出发，一天，又是在路上走着的时候，青光眼发作，这次疼得更厉害，有二十分钟几乎不省人事。别无选择，只有做手术才能避免最坏的结果。就在这次病发后的第六天，乔伊斯接受了右眼切除虹膜的手术。手术很成功，不过还是留下了常见的后果，眼内的分泌物流进了手术切口，造成了永久性的视力减退。

4．创立剧团

1917年，《艺术家年轻时的写照》才终于尘埃落定。度过难挨的1916年，乔伊斯本可以喘口气的，结果眼疾复发，看书写作都成了奢侈。不过也正是在这段时间，乔伊斯开始转移注意力，将精力更多地放在剧本《流亡者》的出版和上演上。

早在的里雅斯特的时候，乔伊斯就已经完成了《流亡者》的剧本，他是带着写好的稿子到的苏黎世。在苏黎世安顿好之后，乔伊斯就请人将剧本打好字，分三批次，每批一幕，寄给了一个叫平克的出版商人。

每一次有新作品，乔伊斯总不会错过庞德，因此，在找平克之前，庞德就已经读过了剧本。庞德认为，相比《艺术家年轻时的写照》，《流亡者》虽然很令人激动，但感情深度却差得远了，并不适合舞台演出。尽管如此，庞德还是热心地为乔伊斯的新作写了一篇剧评给芝加哥的一份报刊，另外，还联系了美国一家剧院的经理。结果都一样，报刊接受了庞德写的剧评，但却拒绝发表剧本，那位剧院经理也表示欣赏作品，可也同样认为并不适宜演出。

庞德无能为力，只好建议乔伊斯试试别的国家的剧院。乔伊斯便又去找叶芝，提请了叶芝所在的阿比剧院的演出。叶芝虽然愿意帮忙，但考虑多次还是拒绝了乔伊斯。屡屡遭拒，乔伊斯还是没有放弃演出这个剧本的信心，甚至求助了多年都未曾联系过的威廉·阿彻，那个曾经给他的作品提过中肯意见的人，只是一直也没有回音。

1915年过去了，《流亡者》的事情没有一点儿进展。乔伊斯经常和出版商平克、庞德、《唯我主义者》的主编通信，不过，《艺术家年轻时的写照》出版的事情占据了乔伊斯1916年的绝大多数时间。直到《艺术家年轻时的写照》出版，乔伊斯才有了更多的时间去关注《流亡者》。

那段时间，乔伊斯心里最牵挂的事有了着落，心情便放松下来，随心所欲地生活起来。白天只有少量的课，晚上便到咖啡馆、饭店这种公共场合去坐坐，经常是到半夜才回来。再加上他为争取《流亡者》的演出机会所做的各种活动，很快就结识了很多人。

1917年春天，一个叫朱尔斯·马丁的年轻人找到乔伊斯，邀请乔伊斯为他的剧本润润色。乔伊斯看过剧本之后，察觉了马丁的真正意图。那人只是想借他做个招牌而已，利用他的关系去借钱。乔伊斯没买马丁的账，但却因为他认识了重要的伙伴。

马丁没有资金，只有将演出计划推迟，在报纸上登了招聘演员的广告。一个名叫克劳德·赛克斯的专业演员参加了这次试镜，当他通过试镜后，马丁却告诉他还不能马上排，因为剧本还在一个作家那儿进行最后的润色，建议赛克斯去见见乔伊斯，并催促他一下。

赛克斯不仅听说过乔伊斯这个人，知道他是个非常聪明的人，而且也看过他在英文报纸上发表的文章。而乔伊斯见到来拜访自己的赛克斯也很友好，寒暄几句后就将马丁的剧本拿给赛克斯。最后两人得出一致结论，剧本虚情假意，庸俗不堪，根本没有办法进行修改。共同的认识让乔伊斯和赛克斯交上了朋友，之后，两人便经常走动。诺拉和赛克斯的妻子黛西·雷斯也很投缘，两个家庭也有了更多的联系。

乔伊斯遇到一个认识相近的人自然非常高兴，因此经常和赛克斯一起讨论他在创作中涉及的事情，尤其是在眼病复发的时间里，和赛克斯一起讨论问题就成了乔伊斯生活里最重要的部分。

当乔伊斯了解到赛克斯对舞台的痴迷时，便经常和他一起到剧院看演出。虽然战场上打得正热，但苏黎世却成了此时整个世界的戏剧中心，世界上很多著名的剧院都带着演出队来到这里。苏黎世一时间成了一个戏剧争奇斗艳的大舞台。虽然能够让乔伊斯欣赏的作品不多，但是看别人的戏剧越多，把自己的剧本《流亡者》搬上舞台的渴望就越强烈。

乔伊斯再一次为《流亡者》奔波起来。当初和查理兹签订《都柏林人》的出版合同时，乔伊斯把出版《流亡者》的事情写进了合同条款里，并且交由查理兹考虑是否愿意出版，结果当乔伊斯写信催问这件事的时候，查理兹却借故推托，考虑了有五个月的时间，最后同意在8月底签订《流浪者》的出版合同。

《流浪者》出版发行后，乔伊斯才把剧本拿给了赛克斯看，并约定等他从洛迦诺回来听听赛克斯的意见。所以，乔伊斯从洛迦诺过冬回来后就直奔赛克斯家，他如愿听到了肯定的答复。

经过一个冬天的保养，乔伊斯眼睛的情况好了很多，精神状态也很好，当他一回到苏黎世后就立即投入到《尤利西斯》的创作中去，而且进展非常快。和庞德联系后，《尤利西斯》也将和《艺术家年轻时的写照》一样分期连载，不过这次是在美国报刊《小评论》上发表。

　　一切进展顺利，乔伊斯又迎来了好运气。2月下旬的一天，乔伊斯收到一封苏黎世瑞士联邦银行总经理的信，请他去办一笔款项的事。他从行长那里得知，自己获得了一笔资助，从3月份起，他每月会收到一千法郎。这让乔伊斯很是吃惊，资助人会是谁呢？他千方百计打听，最后才知道是居住在苏黎世的哈罗德·麦考密克夫人给予的资助。乔伊斯特地去拜访，向她表示了感谢。

　　加上其他人的捐赠，乔伊斯每月有了一千五百法郎的收入。他没有向朋友隐瞒这次的好运气，因此，当赛克斯知道他时来运转的时候，给他提了一个发财圆梦的主意。

　　赛克斯建议乔伊斯组建一个剧团，专门演出英语戏剧，这样也就不用到处给《流亡者》找剧院。

　　这的确是个好主意。英国的总领事也建议过乔伊斯这样做，还可以得到半官方的支持，而且苏黎世当时还有英语上演的戏剧。赛克斯的提议正合乔伊斯心意，两人一拍即合，立即着手此事。

　　赛克斯有过在剧团演出的经验，又是一个专业演员，因此担任舞台监督和导演，乔伊斯则负责剧团的业务，他们组建的剧团名字就叫作"英语演员剧团"。

第七章 『尤利西斯』的坎坷路

1．创作的背景

《尤利西斯》是乔伊斯最重要的一部作品，从最初有想法到开始创作就经历了七年的时间，这还要回到1907年，乔伊斯在罗马住过的那半年时间。

在去罗马之前，乔伊斯一心想要逃离的里雅斯特，尽管当时并没有指望着会喜欢罗马，但一想到自己最崇拜的易卜生四十多年前也曾流亡到那里，思考挪威的命运，罗马就成了乔伊斯心中的一个向往。

只是，当乔伊斯真的来到罗马，站在露天的圆广场上时，心里感慨的却是，"好吧，我承认，恺撒时代的罗马是个繁华的城市，而现在的罗马却和都柏林的空大街没什么两样"。对罗马的坏印象似乎也影响了他在罗马的状态。

乔伊斯工作的银行是一个兴旺发达，有着四个老板、五六十名员工的正规机构，他和三个人共用一个办公室，每天从早上8点半到晚上7点半，一共要写二百多封信件。乔伊斯就这样在信函部做了一个多月的案头工作，之后，他的能力得到认可，被调到了前台，负责给一些重要客户兑换支票。

虽然对罗马的整体环境不敢恭维，但有两样东西却让乔伊斯大加赞赏，罗马的空气和水使得他胃口大增。现在每个月的工资不少都花在了在饭店吃饭上，乔伊斯本来就是个手上留不住钱的人，和诺拉的生活也越来越困难，然而，这还不是他对罗马抱怨加深的全部理由。

自从来到罗马，乔伊斯从早到晚在银行上班，很长时间里都没有写出过作品，这是最挫伤他的地方。每天都要琢磨着如何借到钱，乔伊斯心情糟透了，喝酒就成了他这时排解压力的最好方式。

本来就拮据的生活因为乔伊斯的再度酗酒变得更紧张了，但乔伊斯生活照旧，只是在罗马借钱实在是不容易，就和当初刚到的里雅斯特一样。之前弟弟还会经常给他汇钱的，可知道他酗酒之后，便很少汇钱。乔伊斯不想改变自己，但必须要照顾诺拉和乔治。为了增加收入，乔伊斯真的是使出了浑身解数——给斯坦尼写信，描绘了妻儿挨饿的情形，赚取同情心，还去了英国驻罗马的领事馆。乔伊斯用他惊人的说服力，一次次借到钱。

借到的钱终究是有限的，乔伊斯不得不另想办法，除了银行的工作，他又找了一份兼职英语教师的工作，每天下班后去给一个叫特齐尼的人上课，后来还找到了一间类似于贝利茨的语言学校教学授课，只是这些额外的收入也没能改变他的生活状态。

三个多月的时间，乔伊斯只修改了《都柏林人》的两个短篇，创作上的无状态让他的酗酒变得更频繁了，而且还经常会有一些反常行为，最后惹怒了房东太太，12月初就被赶了出来。乔伊斯带着诺拉和乔治冒雨离开了租住的房子后，一连七八天都忙着到处找房子，很多人都因为他带着小孩子而拒绝租房，最后勉强找到一间小房子，却只有一张床，他和诺拉只能一个人的头靠着一个人的脚睡。

从来没有这么潦倒过，一间石板地、透着风的小屋子，里面只有一个饭橱、一张方桌和一张小床，乔伊斯吸着鼻子坐在桌子旁，上面有他从来都不会忘记的纸笔文具，诺拉则抱着幼小的乔治坐在床上。没有任何声音，屋里冷冷清清的，终于有个落脚的地方，从疲惫中缓过劲儿来的乔伊斯却更加愤怒了。

乔伊斯很自然地把这种怒气发泄到了罗马人的身上，给斯坦尼的每一封信里都会提到让他生气的罗马人的行为：觉得老板的名字让人反感、不能接受同事们的政治观点、怎么连一家像样的咖啡馆都没有呢……他的抱怨似乎没完没了，甚至气急败坏地咒骂过："我非常讨厌这里，讨厌这里的一切，他们对艺术没有一点贡献……"

罗马的冬天似乎更寒冷，乔伊斯的身体有些吃不消，一直感冒、流鼻涕，又遇上了更雪上加霜的事——《都柏林人》被退稿，很少对处境失去信心的乔伊斯这时也不免灰心丧气，整个人都提不起精神来。

可是无论什么样的环境，乔伊斯永远不会忘记的就是自己的创作，只要生活在继续，他的创作就不会停止。在罗马的生活虽然窘迫，但是却给了乔伊斯别样的思维。

《都柏林人》完成后，乔伊斯还是想着继续撰写短篇小说。在修改完《都柏林人》中最弱的两个短篇后，乔伊斯就有了新的写作计划——两篇短篇小说，《尤利西斯》就是计划之一。

故事的原型是来自于游荡在都柏林的一个被公认为有着犹太人血统的爱尔兰人。在罗马的困顿生活，让乔伊斯意识到自己爱尔兰人的身份在欧洲，在罗马是和那个有着犹太血统的人地位一样不明确，他也由此开始关注犹太人这一主题。乔伊斯想起了许多与在都柏林的犹太人有关的事情：犹太人的离婚案、费雷罗的反犹主义的理论……这些让他感兴趣的故事都涌上心头，乔伊斯满脑子想的都是一部新的小说。

乔伊斯最先将这一想法告诉了弟弟斯坦尼斯劳斯，还征求了弟弟对于标题的建议。乔伊斯把想到的几个故事一同告诉了斯坦尼，也让他根据回忆把有关故事的细节再写一些。不过这些都还只是想法，直到乔伊斯从罗马搬回的里雅斯特，《尤利西斯》还没有什么进展。当斯坦尼问起乔伊斯时，他也只有表示遗憾，说："《尤利西斯》还只是一个标题，什么都还没有。"

话虽如此，但是，在乔伊斯脑海中却早就多了一抹挥之不去的形象：一个戴绿帽子的犹太人。从此以后，乔伊斯就开始为《尤利西斯》做准备，一直到1914年，七年的准备让他获得了一次创作能力的突然爆发，乔伊斯才开始动笔写这部旷世奇书。

2．最初发表

自从有了创作《尤利西斯》的想法后，乔伊斯脑海中的那个戴着绿色帽子的犹太人便没有一天不出现的，生活中每一件事似乎都能与这个人物挂上钩。

乔伊斯不断地从生活中积累，越来越清晰地拼凑出人物的形象来。不过，乔伊斯并不是在计划周全后才开始小说的创作，而是随着创作的进行，也伴随自己认识的成长，在着手创作后的第四年才最终定下来共十八章。正如他向朋友所说，真正精彩的东西会在写作过程中自动出现的。

1914年，乔伊斯在《艺术家年轻时的写照》之后开始了《尤利西斯》和《流亡者》的创作，即使是战争的爆发也没有让他停下脚步。1915年，剧本《流亡者》接近尾声，《尤利西斯》也开始进入到第三章的创作，乔伊斯一家也就是从那个时候避难到了苏黎世。

和在罗马不同，此时的乔伊斯已经小有名气，并且得到了庞德等人的资助，在苏黎世的生活相对轻松。特别是在庞德和叶芝帮助他得到那笔皇家文学基金后，乔伊斯由于第一次得到这种半官方的肯定，内心充实，也更能全心投入到《尤利西斯》的创作中去。

乔伊斯吸引朋友的能力是毋庸置疑的，在苏黎世也如此。乔伊斯经常去一些文艺气息浓厚的地方，也去一些咖啡馆和酒馆坐坐，在那里又认识了不少朋友。他常常和这些刚刚认识的人一起讨论他正在创作的作品，那时最常讨论的就是犹太人和爱尔兰人的共性，生活的一切好像都是为他的创作而存在一样，他总会把事情联系到《尤利西斯》的创作上去。有好长一段时间，乔伊斯的生活起居一点儿规律也没有，晚上在饭馆酒馆坐到很晚，白天也只教一点课，都用来创作《尤利西斯》。

苏黎世云集了形形色色的人物，充斥着一种可以在文学上进行实验创新的气氛，这对乔伊斯的创作当然是大有裨益的。虽然乔伊斯还要安排《艺术家年轻时的写照》的出版发行，剧本《流亡者》完成后更是为了登上舞台费了不少心，但这都只是绿叶，乔伊斯的重心一直在《尤利西斯》的创作上。

当初开始创作时，乔伊斯就给庞德写信介绍过自己的这部新作，"这是《艺术家年轻时的写照》隔了三年后的一个继续，同时还掺杂了《都柏林人》中的许多人物。"庞德一直对《艺术家年轻时的写照》评价颇高，自然对这部续作非常期待。到了1918年，乔伊斯感觉创作顺利，前几章的内容也已经可以发表了，于是就给《唯我主义者》的主编韦弗小姐和庞德去了一封信，和他们商量分期连载的事情，和当初《艺术家年轻时的写照》一样。

韦弗小姐自然是求之不得，乔伊斯还没把稿子寄过去，她就已经预付了50英镑的发表费。乔伊斯在之后两个月内把《尤利西斯》前三章也寄给了庞德。庞德看后大加赞赏，事实上，当他只看到一半时，就忍不住给乔伊斯写了一封信表达自己的兴奋和感动。

庞德在信里用了幽默的美国土语赞扬乔伊斯："你这个作家是真真的不赖，我就知道你，这次看来是真正的文学创作了，你也要相信我的眼光，我是不会看错人的。"乔伊斯的成就也让庞德非常得意，为支持这么一位出色的作家感到自豪。

庞德一向不吝惜向更多的人介绍乔伊斯。在伦敦，庞德在《唯我主义者》报上为乔伊斯掀起的热潮还没有因为战争有所减弱。现在，庞德更加确信，乔伊斯就是一个天才。收到《尤利西斯》的时候，庞德人在美国，正在处理他在美国的关系，由哈丽雅特·门罗主办的《诗歌》转到玛格丽特·安德森和简希普办的《小评论》上。

《小评论》这家刊物倾向于创新的内容和形式，主要是发表散文。庞德自然不会错过向这两位女主编介绍乔伊斯，先给她们看过了前两章的内容。安德森和简希普看过之后也对乔伊斯很感兴趣，想要发表他的作品。但庞德这个介绍人却没有让她们和乔伊斯直接联系，而且《尤利西斯》的发表已经说好交给《唯我主义者》了。两位主编自然心有不甘，甚至还抱怨庞德这是将乔伊斯当作了自己的私有财产。

不过，1918年2月，庞德将看完的第三章内容拿给她们看时，她们还是非常感激的。两个人迫不及待地大声读起来，刚读没几句，安德森就惊呼起来："这真是太美了！真是极品！"简希普也兴奋地点着头，两个人商量，这次不管怎样，就是豁出性命也要发表这部小说。

安德森和简希普的意志坚定，况且这时庞德的关系也已经转到《小评论》了，把《尤利西斯》发表在这里也不错，庞德这才同意。

乔伊斯刚刚过完36岁的生日，庞德就联系他作品发表的事情。乔伊斯已经收过《唯我主义者》韦弗小姐预付的稿费，所以庞德需要先解决与韦弗小姐这边的事情，《尤利西斯》才能够再在别的刊物上连载。

处理完与《唯我主义者》刊物的关系，乔伊斯的《尤利西斯》很快就和《小评论》签订了连载合同，从3月份就开始发表。

《尤利西斯》的首次发表就像是一艘崭新的船刚刚入海，可是还没行进多久就触礁了。第一章刚刚发表，就碰到了美国报刊审查制度这块礁石上。审查官约翰奎非常吃惊，认为第一章文字太为过火，不宜发表。

庞德最先知道了这则消息，因此很快就给约翰奎去信。庞德在信里为乔伊斯正名，《尤利西斯》的内容没有问题，约翰奎认为过火的文字不过是作家乔伊斯用别样的方式达到的一种强烈、引人注意的艺术效果，而且每次寄给美国报刊发表的内容也都是自己事先看过的，就拿自己刚刚收到的第四章，就已经删改过二十多行的内容，也和乔伊斯交涉过发表问题。庞德义正词严地阐述站在乔伊斯这方的立场。约翰奎也只好作罢，没再追究。

乔伊斯稍晚时候知道了庞德和约翰奎的这次争论，但他并没有理会。他还是全心专注在《尤利西斯》的创作上，以后还要按时交稿。可是这件事也让乔伊斯下了一个决心，那就是，等《尤利西斯》全部完成，出版单行本的时候，自己绝不会再允许有人这样专横地删改作品。

3．原稿初成

《尤利西斯》在《小评论》上发表后，乔伊斯的生活重心就全部转移到了作品的创作上。无论他做什么，想什么，最后追根究底还是会回到他的作品上。家人似乎已经习惯了，包括13岁的儿子乔治和11岁的女儿露西亚，他们也都习惯了父亲的这种专注。

生活的一切都是为了作品。现在的乔伊斯不用再为生活费用费尽心思，而是换成了思考问题，每天提出一个难题，然后解决它，《尤利西斯》顺利发表，虽然有了个小坎儿，但有庞德在，他也不用太操心，"英语演员剧团"的事情也有赛克斯……一直到战争结束的这半年时间，乔伊斯的生活非常有规律。

然而这半年里别人的生活却是另一番景象。虽然乔伊斯很关注英语演员剧团的演出情况，毕竟那确实给他带来了一些收入，可是有一次演出时，一个英国和一个美国演员的临时退演让领事馆认为这是破坏英美关系的有害举动。乔伊斯还因此卷入了一场官司里，最后的结果是以剧团取胜结束，但乔伊斯从这次事件中认识到，自己与领事馆的较量对剧团发展会极为不利，而且也没有太多精力关注剧团了，因此退出了剧团。

这期间最令人高兴的莫过于剧本《流亡者》的出版了，5月底，查理兹和许布希分别在英国和美国同时出版了这本书。不过这件大喜事却没能让乔伊斯好过一点，他的虹膜炎在手术后再次发作，两只眼睛都非常疼，疼得他几乎都不敢动弹。喜事也不免因为乔伊斯眼病发作而大为扫兴，而且还平添了对官司的愤怒。

尽管事情多阻碍，但乔伊斯却从没有中断过写作，即使宿醉也会继续写。到1919年2、3月份的时候，《尤利西斯》进行到了第十章。由于眼睛的问题，乔伊斯直到十月份才完成了第十五章。

随着战争结束，来避难的人也陆陆续续地离开了苏黎世。在一个地方住了四年，特别是最后这一年，乔伊斯过得有些不顺，经常惹上官司不说，还与他的赞助人关系破裂，连额外收入也减少了不少。10月中旬，心情抑郁的乔伊斯带着全家离开了苏黎世，返回的里雅斯特。

这次再回的里雅斯特，乔伊斯没有前几次回去时的愉悦心情。战争让很多东西都发生了改变，斯坦尼刚刚从拘留营被放出来，生活也要重新开始。要想重回昔日的关系已经不是那么容易的事情了，尤其是斯坦尼的态度。他对乔伊斯态度极为冷淡，而且对《尤利西斯》复杂的结构和写法还公然表示厌恶。斯坦尼四年的监禁生活没有让他停止对哥哥抱怨，自己全心帮助了哥哥，但他却忘恩负义，根本没在意他，这着实伤害了他。

的里雅斯特的几个老朋友也感觉乔伊斯不一样了，他也很难再与他们重现之前的欢快气氛。一切都有一种牵强的感觉，就连工作也一样。乔伊斯不想再做私人教师了，但回到大学教书也让他提不起什么精神来，就连学生都能看出他的心不在焉。

时隔四年回到这片曾经有过深厚感情的地方，乔伊斯却适应了很久，直到1920年，他38岁生日的时候才勉强完成了《尤利西斯》第十三章。虽然在的里雅斯特的日子没有大的风浪，但乔伊斯的心绪却总不平静，之前还特别想要回来的地方，很快就又觉得无法忍受，想要带着全家离开一段时间，去外地调整一下，好继续接下来的创作，只是无奈自己的经济条件并不允许。

对于乔伊斯，庞德永远都是肯定与同情。所以，当乔伊斯把目前的窘境告诉庞德时，庞德再次支援他远行一次。乔伊斯和在的里雅斯特的朋友——告别，本想出去几个月就回来的，没想到却永远离开这里，在巴黎定居下来。

乔伊斯在巴黎的名气似乎比自己想象中的还要大，来到巴黎之后，他的私人生活成了让众人感兴趣的事情，但他的脾气已经有所收敛了，不再像在的里雅斯特和苏黎世时那般冲动，他选择了沉默。

在巴黎，乔伊斯的生活热闹了很多，几天工夫，他就见了几十个人，还有很多美国、英国、爱尔兰的来访者，他又结交了新的朋友，名气更大了，钱也多了……似乎每天都有惊喜，乔伊斯虽然保持低调，但也不时心中窃喜。更让他满意的是，好的环境也让他的创作更加顺利了，《尤利西斯》第十五章很快收尾，马上开始最后三章。这还是这么长时间进行最快的时候。

乔伊斯在巴黎的交际越来越多，认识了不少的人。其中有一位非常特别的朋友——瓦莱里·拉尔博，他在法国主要作家中的不同之处是，善于鉴赏别人的成就，而且因为他博大的气度，因此具有相当大的权威性，最重要的是，他不仅熟悉本国文学，还深谙意大利和英国文学。乔伊斯也是在朋友的介绍下认识了这位权威人士。

1920年圣诞节前的一天下午，乔伊斯和拉尔博第一次见面。乔伊斯谈到了正在创作中的《尤利西斯》，拉尔博也表示了相当的兴趣。之后，《小评论》的主编把发表过的内容拿给了拉尔博看，一个星期后，拉尔博回信，高度赞誉了乔伊斯的这部作品，还主动提出翻译一部分发表在当时影响最大、文学水平最高的报刊《新法兰西评论》上。

拉尔博还准备发表文章之后就在书店举办一个介绍乔伊斯的报告会，但是这种报告会要求是作品完成。所以，乔伊斯更加快了最后几章的创作。尽管时间紧张，但乔伊斯还是在10月份完成了《尤利西斯》的全部创作，并把刚刚写好的第十八章拿给拉尔博看。

拉尔博的报告会定在了12月，那一天店里来了二百多人，把书店挤得满满的。报告会办得非常成功，乔伊斯也因此收到了大量的订单。

4．出版发行

现在书已经全部写完了，并且书还没出版，就已经收获了如潮的好评和大量的订单，有太多人等着看《尤利西斯》。

不过《尤利西斯》的出版并没有人们想象中那么简单。单是确定哪一国哪一家出版商会出版都定不下来。韦弗小姐很早就开始在英国找出版商，但是结果却一直都是商家拒绝冒险承印，直到最后一家也拒绝冒险之后，确定了英国版是没有希望了。虽然罗德克表示在巴黎印刷是有可能的，不过最后最有希望在美国出版。

虽然很多人对《尤利西斯》很感兴趣，但是却很难找到愿意出版的人，这和每个国家的书报审查制度是分不开的，又有谁甘冒舆论大不韪呢？就连一直出版乔伊斯作品的印刷商许布希也一样，

《艺术家年轻时的写照》《都柏林人》《流亡者》《室内乐》，这些他都出版过，这次当然也对《尤利西斯》很感兴趣，只是有一个情况却不得不考虑。

美国刊物《小评论》就因为刊登了《尤利西斯》部分章节，就遭到邮政局的没收和焚毁，而且还被政府指控，出版者被控告出版淫秽作品。很多出版商就是在衡量值不值得因为出版一本书而要冒被起诉的危险，甚至不止罚款那么简单，弄不好还有可能被判刑。

可是了解乔伊斯这部作品价值的出版界朋友都积极帮忙，约翰·奎因甚至建议要私下印刷。乔伊斯不是不能理解，在当时的书报审查制度下出版商的犹豫，但是感兴趣的人多过积极出版的人还是让他感觉非常沮丧。一次又在谈《尤利西斯》的出版事宜时，乔伊斯笑着脱口而出一句："除了非洲国家，不会有谁会出版这本书的。"确实，《尤利西斯》面临的情况就是如此。

许布希本来是最有希望出版的，但《小评论》在发表了第十三章后被正式控诉，判决的结果是不能再继续发表《尤利西斯》。乔伊斯拒绝修改的坚定态度也坚定了许布希拒绝出版的决心。连最后的希望也破灭了，乔伊斯真的觉得有些失望，甚至是绝望。

一天，乔伊斯来到巴黎市中心的莎士比亚书屋，将许布希正式拒绝出版这个不幸的消息告诉了西尔维娅·比奇，当他有气无力地说出"我的书怕是永远也出不了了"的时候眼泪都快掉下来了。看着乔伊斯痛苦的表情，西尔维娅·比奇轻轻地拍了拍他的肩膀，"你愿意让我们的书店来出版你的书吗？"这句话刚说完，两个人都愣住了。比奇都被自己说出的话吓了一跳。

乔伊斯虽然还是很沮丧，认为即便有人出版也不会有人买的，但他还是毫不犹豫地同意了比奇的建议。一直都将注意力放在出版商那里，以为他们不给出版就没希望了，没想到一家书店就解决了这个问题。

一直以来这么不顺利的事情似乎一下就转了风向，乔伊斯终于吐了一口气，卸掉身上沉重的包袱。第二天乔伊斯和比奇就研究了合同内容。比奇找了之前为她出版过书籍的印刷厂，并很快给乔伊斯提出了出版计划，不仅有印数，还有销售办法。按照计划，乔伊斯能得到纯利润66%的版税，这在当时作家中是版税非常高的了。

《尤利西斯》的出版有了着落，乔伊斯也更能安心进行自己的创作。西尔维娅·比奇已经为她的大胆建议积极做着准备工作，就等着乔伊斯终稿。莎士比亚书屋将会出版《尤利西斯》的消息当然也很快传遍了出版界，比奇很快就得到了韦弗小姐的支持。韦弗小姐将英国对《尤利西斯》感兴趣的人和商店名单都寄给了比奇，还预付了英国版的版税，给乔伊斯寄了二百英镑，版税率比比奇小姐出的还要高。

除此之外，西尔维娅·比奇还收到了法国和美国的类似的名单。乔伊斯从比奇那里听到了预订的消息后非常开心，本以为不会有人看的，没想到有这么多人正期待着，乔伊斯甚至还收到了个人名义的订单。好消息陆续赶来，庞德还带来了叶芝、海明威等人的订单，并且还印发了一份长达四页的内容简介，寄给了数百人。

庞德在简介中引用了拉尔博的一句赞语——"《尤利西斯》的问世，将会让爱尔兰以强大的声势回到最优秀的欧洲文学之列。"这一强有力的推荐更是为此锦上添花。

所以，当拉尔博的报告会结束后，剩下的就是正式出版了，不过，有些迷信的乔伊斯却为究竟在哪一天出版琢磨了很久。对他来说，出版的日子很重要。乔伊斯在给韦弗小姐的信里就特别提过自己的这种情结。他说自己的书总是和生日有联系：《艺术家年轻时的写照》最开始在《唯我主义者》上连载的时候就是他生日那天，结束的那天是韦弗小姐的生日；《尤利西斯》连载那天也是他一个朋友的生日，刊登完的那一天是庞德的生日……

这也许在别人看来不过是一件凑巧的事，但乔伊斯却极其看重这种巧合，所以，他特别选在了1922年2月2日这一天，决定在他四十岁生日的时候让这本书正式问世。所以从报告会结束后，一个多月的时间，乔伊斯都在不断修改、增补。

乔伊斯把想法写信通知了西尔维娅·比奇，为了赶在2月2号这天出书，比奇也是鼓足了劲头赶任务。功夫不负苦心人，比奇如期完工，乔伊斯生日当天收到了印刷装订好的两本《尤利西斯》，一本拿去给乔伊斯，另一本则是拿到书店里展出。那一天，书店里也挤满了欣赏这本书的人。

经过漫长的等待，《尤利西斯》终于能够顺利出版，乔伊斯的朋友们也都为他感到高兴，纷纷表示了祝贺。

5．来自美国的正名

乔伊斯从1907年开始构思《尤利西斯》，到1914年开始创作，1921年结束，前后十多年的时间，就连出版也一度困难重重。自从莎士比亚书屋1922年出版了《尤利西斯》单行本后，接下来的十年左右的时间里，德译本、法译本、日译本先后出版发行，但唯独在美国的发行最为不易。

1918年，乔伊斯刚刚完成了作品的前三章内容，美国《小评论》刊物就最先进行了连载，但进行到1920年，《尤利西斯》第十三章发表之后，作品就被指控涉嫌淫秽而停止了连载。就因为美国做出的这一决定，这本书才被那么多家出版商拒绝。

不过，乔伊斯却因此得到好运。莎士比亚书屋的经营者西尔维娅·比奇小姐是一个狂热的文学爱好者，她是定居在巴黎的美国人，致力于将书屋打造成为现代主义文学的圣地，也因此结交了很多文学界的好友，比如说庞德、艾略特、海明威都是她店里的常客，乔伊斯更是她的好友。所以当乔伊斯诉说了自己的苦恼之后，比奇脱口而出负责了出版的事情。后来《尤利西斯》的再版也都是由比奇负责。

虽然每个人对《尤利西斯》的评价、态度都不相同，但两种极端的认识却丝毫没有影响两件事，一是越来越多的人知道了这本书，想要读、想要了解；二是乔伊斯继续新作的构思。很多国家相继放松了对《尤利西斯》的检查，不同的版本相继出现，唯独美国仍将它拒之门外。《尤利西斯》仍然被这个被称为"自由国度"的国家视为禁书，但是官方的禁止却无法彻底阻止它靠口碑赢来的读者。

除了《尤利西斯》本身的名气大之外，越是被禁止越更容易引起人们的好奇也是一点，很多美国游客在巴黎观光结束后，还会特地去比奇的书屋带上一本《尤利西斯》回国。这个现象又怎么会逃过精明的出版家的眼睛呢？

美国兰登书屋的创始人贝内特·瑟夫很快就注意到《尤利西斯》。他认准这是一本好书，也是一桩摆明了能赚到钱的生意，所以他决心将书合法引进美国。事情的成功往往就是这样，天时地利人和让一切顺理成章。

乔伊斯完全没有费心在美国的出版问题，只是在和贝内特商谈过出版事宜后就等着看了一出好戏。

贝内特·瑟夫是一个出色的出版家，但绝不是一个只会玩弄市场的书商，书屋的不断壮大更取决于他是一个有责任心的文化人。他决心出版《尤利西斯》首先也是因为认可它是好书。

1932年，乔伊斯在家里见到了前来拜访的贝内特。贝内特非常爽快，简单交代了来意之后就拿出了一千五百美元，说这是如果将《尤利西斯》合法引进美国预付的一部分书的版税费，如果没有成功，钱也是乔伊斯的。就像当初听到比奇要出版时，乔伊斯没抱希望地说过他们怕是一本也卖不出去，现在又和贝内特说了相似的话，"怕是这事成功不了，钱你也拿不回去了！"但结果相似，比奇出版了他的书，而贝内特也如此，将书成功引进了美国。

现在的情况是，贝内特成功取得了作者乔伊斯的同意，那第二步就是要让引进合法化，要美国的法庭承认《尤利西斯》的合法地位。而这一点，贝内特也早有准备。当时美国最有名的一个叫莫里斯·恩斯特的大律师曾经公开表示过，美国禁止出版《尤利西斯》并不是一件光彩的事情。贝内特因此决意邀请他来打官司，不过他是出不起莫里斯的律师费用的。智慧的贝内特决定用《尤利西斯》的版税来作为他胜诉的酬劳。

贝内特如愿争取到了莫里斯，为了打赢这场注定会受到众多关注的官司，他们两人事先还做了很多安排，比如说，他们特意将官司选在由一位学问渊博并且主张自由主义文学的法官出庭期间打官司。不过最有名的还要属贝内特的一个绝妙安排，不仅为《尤利西斯》加分，也为兰登添彩。

贝内特在一本在巴黎出版的《尤利西斯》上贴满了欧美著名作家、评论家给予书的好评，而且为了让这本书"出庭作证"，贝内特也是煞费苦心。

因为法律规定，书要是作为证据，必须是被没收来的，所以贝内特特意将书由美国带回法国，又从法国带回美国。可是，海关人员并没有在意这本书，负责这件事的兰登代理人急得直嚷嚷，最后愣是让海关没收了《尤利西斯》，这才得以上庭。

经过一番激烈的法庭辩论后，法官还特意为此写了一篇判词，就自己读过之后的认识和感想，并且结合着美国有关淫秽书刊的法令做了对比分析，还做了实验，最后坚定地予以裁定，《尤利西斯》没有违反法律，可以进入美国。

就在法槌落下的那一刻，《尤利西斯》终于可以"干干净净"地进入美国了，乔伊斯又一次得到认可，这对他而言，感动大于惊喜。

第八章　饱经磨难的家庭

1. 女儿的异状

乔伊斯的心中一直都向往着自由而不被制约，因此，当他有了儿子与女儿之后，他并没有像大多数父亲那样，命令他们去做事情。乔伊斯希望，能够通过这种教育方式与子女结为朋友那样的关系，同时给予他们最大的自由。

只不过，随着时间的增长，乔伊斯渐渐发现了这种方式的不足：虽然儿子乔治在乔伊斯的引导下，成功地走出了属于自己的道路，但是，女儿露西亚的状况却明显出乎了乔伊斯的预料。

有一天，当乔伊斯像往常一样正要外出时，诺拉·伯娜科突然叫住了他。诺拉走到乔伊斯身前悄悄说道："亲爱的，你有没有发现露西亚最近的状态有些不正常啊？"

诺拉的话让乔伊斯一愣，他这才发现，自己已经好长时间没有关注过儿女的状况了。惭愧之后，乔伊斯又想起了诺拉的问话，急忙问道："露西亚怎么了，她发生了什么事情？"

看着粗心的丈夫，诺拉的心中不禁长长地叹了一口气："难道你没有发现，最近女儿一个人望着远方，经常不说话么？"

听到诺拉说的是这个原因，乔伊斯紧绷着的心放松下来："一个人待着并不是什么特别糟糕的事情啊，或许我们的女儿也在思考创作一件杰出的作品呢。"

谈话至此终结，不过这次的谈话还是发挥了一些作用，至少乔伊斯重新开始关注起自己的女儿来。

露西亚从出生之后就有斜眼，后来一次事故给她的下巴上添了一个小疤，不过，这些乔伊斯并没有放在心上。虽然曾经有医生建议，要帮助露西亚矫正斜眼，但是乔伊斯考虑再三之后，拒绝了那位医生的好意。他认为，或许对于一些人来说，斜眼还是另一种美呢。

只是，进入青春期的露西亚明显开始在意自己的形象了，长期坚持跳舞给了她曲线玲珑的身材，但是，每一名赞美她的人最后都会说："唉，可惜眼睛和下巴上的伤痕影响了你的美丽。"

这样的话语影响到了露西亚的心态，渐渐地，她也开始为眼睛和下巴上的伤痕而发愁，她希望，当自己一梦醒来之后，眼睛能够像正常人一样，而下巴上的皮肤也可以恢复光滑圆润。然而，希望越大，失望也就越大。

每一次的憧憬，换来的却是每一次的失望，时间一天天过去，露西亚的心情越来越糟，同时她的思想也渐渐开始有了异常。

那天同诺拉谈话之后，乔伊斯想了想，又脱掉外套，转身去寻找露西亚聊天了。他想确认一下，自己的女儿是否真的出了问题。

当乔伊斯找到露西亚的时候，他发现，露西亚果真就像诺拉所说那样，一个人安安静静地坐着，眼睛望着远方。

"露西亚，我亲爱的宝贝，你在想些什么东西呢？"乔伊斯向露西亚喊道。

然而，当露西亚听到声音转过头之后，乔伊斯却被她的眼神吓了一跳。天啊，这是什么样的一种眼神啊：露西亚的眼睛只给了乔伊斯一种感觉，就是空洞。在她的眼睛中，乔伊斯没有发现任何的焦距，而且，露西亚转过头之后，她的眼睛望着的似乎并不是乔伊斯，而是乔伊斯的身后，似乎那里才有她感兴趣的东西。

　　这一瞬间，就连乔伊斯都有了一种恐惧的感觉，他急忙转过身，看向自己的背后，结果却发现，背后一无所有。乔伊斯原本还以为这是女儿同自己开的一个玩笑，他转过头正想笑骂时，却发现，露西亚的眼睛依旧空洞无神，毫无焦距。

　　乔伊斯着急了："露西亚，你看看我，我是你的父亲啊。"但是，露西亚听到后只是抬起头，似乎看了一下他，然后又将头转向了远处，回到了乔伊斯刚开始见到的那种状态。这时，乔伊斯终于确定了，露西亚真的出了问题。

　　面对女儿的这种状态，乔伊斯突然有了种束手无策的感觉。无论他如何的妙笔生花，无论他有多少奇思妙想，这一刻，乔伊斯只是一个普通的父亲，他只想自己的女儿能够健健康康、快快乐乐地成长。

　　呆愣了片刻之后，乔伊斯匆匆忙忙地离开去找诺拉了，他能商量的人，或许，也就只有一个诺拉了。在这离开的路上，乔伊斯仍然不能相信，那个对周围一切都似乎没有反应的女孩真的是自己那个聪明活泼的女儿么？

　　露西亚很小的时候，就开始跟随着乔伊斯四处奔波，在这样的漂泊生活中，她参加了许许多多的活动，有些是所在学校组织的，而有些则是乔伊斯帮助她寻找到的。通过这些活动，露西亚学习了弹钢琴、唱歌、绘画、舞蹈。

　　不过，由于乔伊斯更换住所跨越的地域比较大，所以，露西亚常常需要跟随着父母学习陌生的语言。而且，当她重新开始学习钢琴、唱歌等校外活动时，还必须接受与以往不一样的教育，有时候，这些新的教育观念甚至与以往是截然不同的。

　　这些东西，露西亚不知道应当如何去向乔伊斯诉说，只能将之埋进心底，但是随着心中的疑惑与不解越来越多，她觉得自己再也无法坚持下去了。于是，露西亚在征得乔伊斯的同意后，放弃了对其他校外活动的学习，将心思全部放在了舞蹈之上。

刚开始的时候，露西亚确实感觉好了许多，她的舞蹈天赋迅速得到了众多指导教师的好评和赞美。而且，露西亚的导师还发现，随着学习时间的增长，露西亚的舞蹈已经形成了独特的风格。因此，他建议露西亚去参加一些剧院演出，以便进一步提高自己的舞蹈技艺。

导师的建议让露西亚非常心动，因此，她开始寻找愿意给自己演出机会的剧院。功夫不负有心人，经过一番波折后，露西亚终于踏上了剧院的舞台，虽然她总共只表演过三次，但是这三次乔伊斯和诺拉都参加了。

最让乔伊斯感慨的是露西亚的最后一次表演，那天，她穿上了自己设计的鱼服，在灯光下显得银光闪闪，异常漂亮。露西亚就凭借着这一套服装，成功地获得了观众的青睐，以至于她离场之后，观众们都一致站起来欢呼："让爱尔兰女郎上来，我们都爱她！"

但是，现在，女儿竟然成了这个模样，想起了女儿，乔伊斯再次加快了步伐。

2．迟到的婚礼

找到诺拉之后，通过交谈，乔伊斯才知道，原来女儿在最后一场演出之后，认识了一名叫作艾伯特·哈贝尔的青年，他们迅速进入了热恋之中。但是，正当露西亚与艾伯特·哈贝尔准备更进一步时，艾伯特·哈贝尔的前妻突然出现了，她来找艾伯特·哈贝尔请求复婚。

虽然露西亚竭力挽留，可是最终，艾伯特·哈贝尔还是带着对露西亚的满怀愧疚离开了。

这件事对露西亚的伤害非常大，原本青春靓丽、活泼可爱的女孩，突然之间就完全沉默了下来。只是那段时间，乔伊斯一直为《尤利西斯》而东奔西走，忙得忽视了女儿的转变。而诺拉也是在一位朋友的提示下，才发现了露西亚的异状。

商议之后，乔伊斯与诺拉没有迟疑，直接带着露西亚去了医院。医生经过一番检查之后告诉乔伊斯和诺拉，露西亚不仅仅是受到了失恋的刺激，更主要的原因是乔伊斯曾经接二连三的搬迁给她带去的负面影响。

当乔伊斯问到最好的治疗方案时，医生摇了摇头："这种病，暂时没有什么好的治疗方案，只能将希望寄托在时间之上，此外，家人的陪伴与关怀对她也非常重要。"

经过一段时间的治疗后，露西亚的状况好了许多。这时，乔伊斯又开始考虑更换一个环境，或许能够让露西亚的心情更加开阔起来。只是，当他向诺拉说了这个想法，并且提出想要去的地方是英国后，诺拉提出了不同的意见。

虽然自从乔伊斯与诺拉私奔之后，两人已经成了名义上的夫妻，而且得到了众多人士的证明与祝福，但是从英国的法律来说，两人并未取得正式的婚姻证书，因此是不被承认的婚姻。

诺拉担心，如果到达英国之后，他们的生活会因此而受到影响。此外，如果居住到英国的话，又需要一段时间去适应那里的生活，这些对于诺拉来说，都是她最不愿面对的事情。

听完诺拉的诉说之后，乔伊斯"哈哈"大笑起来。过了一会儿他才指着诺拉说道："亲爱的，你没有觉得我们的生活已经如同一潭死水一般缺少激情了么？不要顾忌那么多了，让我们开始新的旅行，去体验新的生活，结交新的朋友吧！"

其实，对于诺拉的担忧，乔伊斯早就已经考虑到了。但是他经过一番思虑之后，仍然坚持自己的意见，并且不容反驳，诺拉只好同意了。

这一次前往英国，乔伊斯最想做的，是给诺拉——这个一直伴随在自己身旁的女子一个正式的名分。这二十六年以来，虽然诺拉从未提过，但是经过了露西亚的事情之后，乔伊斯才真正开始审视她。

时光如同雕刻家手中的那把刻刀，刀刀刻在人的容颜之上。曾经那名苗条、美貌的女子，在无情的刻刀面前，也早已不复昔日容颜。她曾经柔软、细腻的小手已经开始粗糙，她的小蛮腰也渐渐有了一丝赘肉，就连那眼角也有了一丝若隐若现的鱼尾纹……

当年，他们也是在露西亚这个年龄的时候相遇、相爱，然后诺拉就义无反顾地陪伴在他的身旁，即使这些年来，他们一直都过着简朴，甚至是贫穷的生活，但是诺拉却从未抱怨过曾经的选择。

这一路的风风雨雨，两人之间也曾发生过争执，也曾争吵，不知不觉中，当乔伊斯静静坐下来思索时，才发现，原来两人已经在一起共同度过了二十六个春秋。想到这里，乔伊斯也感觉到了自己实在是过于粗心了，两人之间虽然早已不再需要那一张证书的证明，但是，诺拉肯定需要这一份肯定。

乔伊斯在想到诺拉的同时也想起了父亲，曾经，当自己带领着诺拉走进家门的时候，他是坚定地反对过，而且，也正是因为父亲的原因，自己与诺拉才会在子女都即将成家的时候仍然没有正式的婚姻身份。

当乔伊斯返回后，他的父亲没有再对两人的结合发表任何意见。可是，当乔伊斯仔细回忆父亲看向诺拉的眼光时，他忽然发现，那眼光中不仅有满意，更有一份愧疚。乔伊斯忽然感到一阵庆幸，父亲的身体已经一日不如一日了，如果不能帮助他解开这个心结，或许……乔伊斯不敢再想下去了，但是他的眼中充满了坚定，他相信，自己这一次的决定肯定能够给大家一个皆大欢喜的结局。

就在去往英国的路上，乔伊斯才向诺拉悄悄地透露了自己的想法：要为诺拉在父亲生日那天举办一场迟到的婚礼！诺拉惊讶地用手掩住了嘴，一层雾气悄悄在眼角蔓延，这一天，她已经等待了太长时间。

当乔伊斯与诺拉去户籍登记所办理结婚手续的时候，虽然出了一些小麻烦，但是好在乔伊斯的律师出面，最终顺利办理了手续。

7月4日这天，乔伊斯一家都非常兴奋，因为这一天不仅是乔伊斯父亲的生日，同时也是乔伊斯与诺拉的婚礼日期。为了庆祝这场迟到的婚礼，诺拉的妹妹凯瑟琳也赶了过来，她清楚地感觉到，这些天，姐姐异常地兴奋。

虽然外出游玩时，凯瑟琳常常听到姐姐抱怨乔伊斯大手大脚，完全不懂得珍惜手中不多的金钱，但是凯瑟琳仍然能够感觉到姐姐眉角的那一丝喜悦之色。凯瑟琳知道，姐姐这么多年来一直跟随着乔伊斯，虽然两人的生活时有摩擦，但是随着岁月流逝，他们已经融入彼此的世界中，成了不可分割的一部分。

而这场婚礼，与其说是乔伊斯给诺拉的承诺，倒不如说是乔伊斯趁这个机会彻底地解开了诺拉与约翰之间的那层隔阂，从此，诺拉真正成了乔伊斯家族中的一员。

看着不远处挽着乔伊斯胳膊的姐姐，凯瑟琳在心中暗暗为姐姐祝福："姐姐，你终于盼到这一天了，相信你们以后一定会更加幸福的。"

3. 父亲去世

原本以为在英国的时光会非常轻松，但是有一天，却突然发生了一件让乔伊斯觉得愤怒异常的事情。

乔伊斯夫妇在户籍登记所出现的消息，迅速被记者们得知并公布了出去，这样一来，几乎所有关注乔伊斯的人都知道了，他已经来到了这所城市。起初，走在陌生的地方，被陌生的人喊出名字，乔伊斯认为这种感觉也挺好的，但是，一件突如其来的事情改变了他的想法。

那天，乔伊斯正准备如同往常一样，带着家人外出游玩，突然接到了在瑞士出版社的朋友丹尼尔·布罗迪传来的消息。丹尼尔·布罗迪告诉乔伊斯，《法兰克福报》发表了一篇署名乔伊斯的小说——《恍如梦境》。

听到这个消息后，乔伊斯觉得这是一件不容宽恕的行为，愤怒地说道："什么乱七八糟的东西，《恍如梦境》听这个名字就明白肯定不是我的作品了。"他立即放弃了外出的打算，而是开始联系所有的朋友，准备向《法兰克福报》施加压力，要求对方立即就此事做出解释，同时还必须发表正式声明，向乔伊斯道歉。

但是，就在乔伊斯刚刚开始行动的时候，他忽然发现，《法兰克福报》已经悄悄地做出了弥补的措施：他们在《恍如梦境》之后，又发表了一个申明——《迈克尔和詹姆斯》，在这个申明中，他们对署名做了解释，说那只是一个失误，而真正的作者是"迈克尔·乔伊斯"。

乔伊斯对这个申明嗤之以鼻，他认为，这只不过是出版社为了掩盖自己的意图而编造出来的理由，其实并没有这个人。为了拆穿出版社的这个骗局，乔伊斯请朋友们帮忙调查"迈克尔·乔伊斯"这个人，他相信当最终的调查结果出来后，出版社的谎言也就不攻而破了。

只是，事情的发展再次出乎了乔伊斯的意料，因为，所有的调查结果都显示，"迈克尔·乔伊斯"确有其人。而且，就在乔伊斯拜托朋友们调查这个名字时，《恍如梦境》的译者也在《法兰克福报》上发表声明，声称是秘书粗心才造成了这样的错误，而且她也公开表示了歉意。

虽然对方已经道歉，但是乔伊斯和朋友们却仍然觉得，出版社的诚意还不够。因此，乔伊斯请求门罗就此事再次与《法兰克福报》进行交涉，要求他们做出正式的道歉声明，而不是一笔带过，但是遭到了对方的拒绝。

当乔伊斯知道这个结果后，他原想追究到底，不过，当他在门罗的陪同下，向律师咨询一番后，就放弃了这个想法。因为律师在听完乔伊斯的叙述之后，毫不犹豫地建议乔伊斯选择放弃。

见到乔伊斯面露不快，律师只好帮他分析：如果坚持起诉，即使最终胜利了，能够获得的赔偿金也仅仅只有25英镑，而且，对诸多民众来说，乔伊斯的名声会因此而受到影响。因为，大多数人都会认为这根本就是一件不足为道的事情，乔伊斯却如此的斤斤计较。

虽然心中仍有不忿，但是乔伊斯也明白了，这件事情如果再继续追究下去的话，对自己而言非但没有好处，反而有可能降低在民众心中的形象，他只好接受律师的建议，不再追究了。

这件事情过去之后，乔伊斯和家人继续在这里游玩了几天，然后就返回了巴黎。不过，回到巴黎之后，露西亚的情绪突然又有了很大的起伏，她决定不再与父母住在一起，而是去找哥哥乔治，去那里待一段时间。

乔伊斯和诺拉都没有注意到，露西亚所表现出来的对凯瑟琳的嫉妒，他们还以为，自己的女儿只不过是像一般的小孩一样，渴望去体验不同的生活呢，就同意了。

露西亚离开后，乔伊斯担心，如果她找不到一个可以分散注意力的方法，有可能再次发病。在认真思索一番之后，乔伊斯决定鼓励露西亚尝试为诗设计图案，如果露西亚设计的这些图案没有出版社愿意接受的话，他就会自费出版，只为了能够帮助露西亚建立一些成功的感觉，从而走出记忆的阴影。

正当乔伊斯绞尽脑汁思索着如何调动露西亚的积极性时，家中突然传来了一条消息：父亲病危，速归！短短的一句话，却让乔伊斯感觉如同晴天下响了一个霹雳，震得自己晕头转向，几乎都无法继续站立了。

乔伊斯还记得，就在前几个月父亲生日时，他的精神状态都非常好，一点都看不出有病在身。他不知道，为什么这才过去几个月，父亲就要面临生死考验呢？虽然心中不愿相信这是真的，但是乔伊斯也清楚，没有人敢在这样的事情上开玩笑！

　　由于无法立即赶到父亲身旁，乔伊斯只好给朋友克里·雷丁大夫发电报，请求他代为照顾父亲，同时请求克里·雷丁安排最好的大夫进行治疗，至于所有的开销，等乔伊斯到达后，会一一付清。

　　但是，乔伊斯的这些努力并没有能够帮助延长父亲的生命，父亲最终还是离开了人世。当乔伊斯赶回家时，他的妹妹梅告诉他："父亲一直到最后都还叮嘱我，一定要记得告诉你，你是在早上6点的时候出生的。"

　　梅的这句话击溃了乔伊斯心中最后一丝强自压制的坚持，他再也忍不住，放声大哭起来。他后悔，后悔年轻时同父亲的顶撞，后悔这么多年一直漂泊，未能好好地陪伴父亲，后悔未能在父亲闭眼的前一刻赶回来见父亲最后一面。

　　梅还告诉乔伊斯，在父亲住院期间，他的嘴里一直都说着："詹姆斯从来都不曾忘记过我……"乔伊斯的心更痛了，前些天，一位占星家提出为乔伊斯算命时需要出生的具体时间，乔伊斯不知道，于是给父亲写了一封信。他没有想到，那竟然成了自己写给父亲的最后一封信，他更没有想到，父亲临去世前，都还记挂着自己信中的问题！

4．接二连三的打击

　　处理完父亲的后事，乔伊斯一刻也不敢多待，他害怕这个充满父亲迹象的世界，他害怕自己会忍不住思念而崩溃。因此，乔伊斯很快就赶回了巴黎。

但是乔伊斯很快就发现，悲伤并没有离开自己，它跟随着自己来到了巴黎。乔伊斯总是觉得父亲似乎就在身旁，自己仍然能够不时地听到他的话语，仍然能够感觉到他生活的习惯。

乔伊斯的状态让身旁的朋友们都非常担心，大家常常会凑在一起，商量要如何做才能够帮助到他。最终，大家找到了一个可以分散乔伊斯注意力的事情：2月2日是乔伊斯的生日，而这一年，他就50岁了，无论从哪个角度来说，都应当举办一次盛大的庆祝晚宴。

大家将这个想法告诉乔伊斯时，他的精神状态看似不错，他笑呵呵地说：“好啊，正好我也可以享受一下做寿星的感觉了。”乔伊斯同意后，大家这才开始了兴高采烈的准备，都希望能够将这次宴会给举办得热热闹闹、充满喜气。

时间一天天过去，距离乔伊斯的生日也越来越近，大家都已经准备妥当，就等着2月2日的到来了。大家都将注意力放在了悲伤的乔伊斯身上，竟然没有人注意到露西亚的情绪再次有了剧烈起伏。

就在2月2日这天下午，诺拉正在收拾家时，露西亚突然变得暴躁起来，她冲着诺拉大喊大叫，最后竟然随手抓起身旁的东西向诺拉砸了过去。露西亚的表现将诺拉吓坏了，她狼狈地躲避着露西亚扔过来的东西，同时大声喊着乔治，希望能够将露西亚制止下来。

乔治听到母亲的喊声从房间中跑出来后，看到这种状况，赶忙冲上前去紧紧地抱住了露西亚，这才将她的行为制止。随后，他感觉露西亚还有攻击的念头，于是赶忙带着她去了疗养院，将露西亚在那里安置了下来。

这天晚上，乔伊斯看着灯火辉煌的大厅，以及身着正式晚礼服的朋友们，脸上露出了难得的笑容。生命从来都是不可违逆的，但是至少还有这么多关心自己的亲朋好友，这一生，还有什么遗憾吗？

到了吹蜡烛的时刻，乔伊斯忽然觉得有些不对劲，他抬头看向四周，没有发现任何的异常，不禁摇摇头，在心中感慨：自己果真有些多疑了。乔伊斯没有注意到的是，当自己低下头的时候，乔治与诺拉那明显松了一口气的动作。

当乔伊斯开始为众人分蛋糕时，他才终于意识到，自己的身旁究竟有什么异常了：女儿露西亚竟然没有出现！他转过头，紧紧地盯着乔治，似乎已经猜到了，发生了什么自己不知道的事情。

乔治看到再也无法搪塞过去了，只好将事实讲了出来，他发现当乔伊斯明白了事情的经过后，脸上的表情明显再次暗淡了下去。不过，乔伊斯并没有就此离去，他仍然坚持到宴会结束，才回到房间。

第二天一大早，乔伊斯就赶去了疗养院，去看望露西亚。当乔伊斯到达疗养院后，露西亚还没有起床，隔着窗户，他看到露西亚紧紧地蜷缩在床上，身旁没有一个人陪伴，他的心中突然再次有了一种痛彻肺腑的感觉。这一刻，乔伊斯做出了决定：带露西亚回家，亲自守护着她。

可是，露西亚的情况再次出乎了乔伊斯的预料。当露西亚看到诺拉后，她表现出了浓烈的敌意，仿佛母亲跟她有着深仇大恨似的。这一点让乔伊斯疑惑又无奈，他无法长时间地停留在家中，照顾露西亚的任务最终还得落到诺拉的头上，但是露西亚莫名其妙的仇恨让乔伊斯也感到不解与担忧。

为了化解露西亚对诺拉的仇恨，乔伊斯只好向诺拉打听，在露西亚的身上究竟发生了什么事情，还有，为什么露西亚会如此痛恨诺拉？

诺拉小心翼翼地将自己的怀疑说了出来，乔伊斯这才明白了露西亚这次发病的主要缘由：原来，前些天的时候，露西亚恋上了一名常来向乔伊斯求教的青年。乔伊斯对那名青年也有印象：善于思考，同时也有许多超前的思维，而且，乔伊斯最欣赏的，是自己在作品中表达很模糊的思想，那名青年都能够理解。

唯一令乔伊斯没有想到的是，青年身上自己最欣赏的那些品质竟然对女儿产生了致命的诱惑。每当那名青年来向乔伊斯请教时，露西亚都会凑上前来，热情地同他打招呼、聊天。那时候，乔伊斯还为露西亚的转变而开心呢，他还以为女儿终于敢同陌生人打招呼了呢。

直到这个时候，乔伊斯才反应过来，女儿再次发病的原因，追根究底的话，竟然是在自己的身上。明白了这一点的乔伊斯更加痛苦了，他甚至对诺拉说道："我唯一的天赋竟然遗传给了露西亚，更让我难过的是，这点不仅没给她带去幸福，反而给她的生活增添了更多痛苦。"

诺拉虽然竭力去劝解，但是乔伊斯仍然陷入了深深的自责中，在同诺拉的交谈中，他也知道了，露西亚对诺拉的敌意仅仅是因为诺拉曾经劝她不要陷入太深的缘故。了解到这些之后，乔伊斯更加痛恨自己的粗心了：诺拉都发现了两人的不妥，自己常常就在附近，却从来都没有关注过这些。

不过，乔伊斯很快也意识到，现在不是自责的时候，因为露西亚的情况越来越糟糕，她对诺拉的敌意越来越明显，而且脑中的思绪也越来越乱。这些情况已经严重干扰了乔伊斯的创作，他不得不抽出大量的时间去陪女儿看医生。

同时，乔伊斯还坚定地认为，女儿应当同自己在一起，只有自己才能够给予她亲情的慰藉，才能在她稍微清醒时，指导她进行图案的设计。他坚信，只要能够坚持下去，那么总有一天，露西亚能够恢复健康，而且会成为一名出色的图案设计师。

第九章　将写作进行到底

1．病床上的构思

生活似乎回到了正常轨道，每一天也都有了不得不重复的理由。无论多忙，乔伊斯都会抽出时间陪露西亚聊天，同时也对她的创作提出一些意见。每天的这个时候，露西亚都会安安静静地听着乔伊斯的指点，有时也会迅速拿起笔在纸上写写画画。

这天，乔伊斯陪露西亚聊了一会之后，看着她躺下，他才转身回到自己的房间中，躺在床上，听着窗外"滴滴答答"的雨声，乔伊斯突然又想起了父亲，想起了自己曾经躺在病床上的生活……

乔伊斯依稀记得，那是在1922年5月，那个时候，原本他已经做好去伦敦的准备了。但是虹膜炎的突然到来打乱了他的一切计划。每当想起这件事的时候，乔伊斯都觉得，是由于在前几天的一场夜宴上饮酒过多，以至于在冰冷的地板上睡了太久，才会得病的。

无论如何，虹膜炎还有右肩的关节炎都让乔伊斯疼痛难忍，不得不改变自己的计划，去医院进行治疗。但是，庞德却向乔伊斯建议道，正好趁着这个时间进行一次彻底的检查，说完之后，他没有等待乔伊斯的意见，就约好了一位著名的内分泌专家。

检查过程中，那位专家将检查重点放在了乔伊斯的关节炎之上，但是当他无意中注意到乔伊斯的口腔时，他立即建议对口腔做一个透视。乔伊斯虽然感到有些小题大做，但还是听从了专家的建议。

透视结束后，那位专家拿着检查结果，对乔伊斯说道："先生，我不得不告诉您一个糟糕的消息，您的牙齿已经不再适合继续工作了，我建议您还是将它们全部拔除吧。"不过，看上去乔伊斯对这位专家的建议并不感兴趣，他虽然同意了专家制定的内分泌治疗方案，却以即将远行为由推掉了拔牙的手术。

当乔伊斯去名医博尔西那里检查的时候，他将内分泌专家的建议说了出来，同时，向博尔西诉说了自己的打算，希望博尔西能够帮助自己拿个主意。博尔西仔细地检查过乔伊斯的眼睛之后，告诉乔伊斯，如果特别想去旅行的话，也可以出发，等旅行回来再进行手术。

博尔西的话让乔伊斯兴奋极了，他几乎一刻也没有停留，与诺拉简单收拾了一下，就立刻带着家人去了伦敦。不过旅行虽然让乔伊斯放松了心情，他的病情不仅没有好转，反而还加重了不少。

最后，乔伊斯实在无法忍受这种疼痛时，他去了伦敦的医院进行检查治疗。但是，在接连两位医生都建议他立即进行手术后，乔伊斯就没有在伦敦待着的心情了，他想以最快的速度赶回巴黎，让博尔西治疗自己。

不凑巧的是，乔伊斯赶回巴黎后，博尔西已经外出度假了。值班的医生告诉乔伊斯："博尔西在离开之前，曾经叮嘱过，'如果乔伊斯来了，就告诉他，先去做拔牙手术，这样，等我回来后，就可以直接进行针对眼睛的手术了。'"

无可奈何的乔伊斯只好顺从地去找牙医，做了拔牙手术。手术结束之后，乔伊斯觉得，似乎与之前并没有什么不同。当乔伊斯将这个发现告诉诺拉后，诺拉笑了："原来你的牙齿已经偷懒很久了。"乔伊斯想想，还真是这样，于是他也笑了起来。

在乔伊斯结束拔牙手术半个月后，博尔西度假回来了，正好乔伊斯也恢复了元气。于是，博尔西医生再次为乔伊斯做了个检查之后，决定为乔伊斯进行手术。不过，考虑到乔伊斯的身体，他决定将手术分成三次来做。

做完第一次手术之后，博尔西就严肃地要求乔伊斯：在这段时间内，坚决不能够看书，每天都要注意休息。乔伊斯开玩笑说道："好吧，我就当自己暂时是个瞎子好了。"

博尔西也顺着说了下去："相信您以后一定会为今天的这个英明决定而感到庆幸的。"

当然，即使是躺在病床上，乔伊斯的创作灵感依旧会不时闪现，虽然眼前的世界一片黑暗，但是在他的脑海中，一部新的著作正在逐渐成形。对看不见周围一切的乔伊斯而言，这个构思就如同黑暗中亮起了一盏明灯，这盏灯吸引了他的全部注意力，让他从此不再无所事事。

但是，乔伊斯的这个状态将诺拉吓着了。因为，在她的眼中，每天乔伊斯都静静地或躺或坐，嘴中却会不时爆出一两句完全让她摸不着头脑的话语。甚至有那么一段时间，诺拉都认为，乔伊斯是由于看不见周围的东西，从而导致了精神崩溃。

出于这个原因，诺拉开始用更多的时间来陪伴乔伊斯。但是完全沉浸在对新作品构思中的乔伊斯，已经对周围的所有事物都不是那么感兴趣了，他时而紧皱眉头，时而露出欣慰的微笑……

这样过去几天之后，细心的诺拉也反应了过来，她知道，丈夫一定是有了新的想法，正在脑海中竭力构思呢。或许乔伊斯都没有注意过，但是诺拉很早就已经注意到了，这是丈夫开始构思文章时的表现。

前些天，诺拉由于过于担心乔伊斯，才会有所误解。不过，看到丈夫只是安安静静地思考，并不会大吵大闹的状态，再联想到他每次创作前的表现，诺拉终于确信，乔伊斯又开始创作一部新的作品了。

确信了这一点后，诺拉终于可以放心了，她从乔伊斯往日创作时的习惯中，猜测出乔伊斯的休息时间，然后去找他聊天。

在聊天中，诺拉才知道，原来新的一个著作，乔伊斯现在不过刚刚开始，还没有将具体的内容整理好，现在仅仅确定了整个作品所要依据的原材料。

当诺拉问到这一部作品的具体情况时，乔伊斯回答："我还在想，不过，这一部作品主要的依据是一个民谣，暂时我想到的题目是《芬尼根守灵夜》，先不要向别人公布吧。等我把整个思绪都整理清晰了再告诉别人。"

诺拉点点头，只要乔伊斯的思路清晰，只要他的精神正常，其他的一切都会好起来的，不是吗?

这时，诺拉发现身旁的丈夫似乎仍然没有睡着，她靠了过来，抱住了乔伊斯。乔伊斯被她的动作打断了思路，他转过头看了一眼睡眼惺忪的妻子，心底涌起一阵暖意，伸出右手，将她拥入怀中，一会儿之后，诺拉的呼吸又渐渐平稳了。

诺拉睡着了，但是乔伊斯仍然没有丝毫的睡意，他不知道已经想了多久，但是这样淅淅沥沥的天气，总是会不知不觉将他的思绪拉回曾经——那时候，乔伊斯还与父亲时时通信；那时候，露西亚聪明伶俐，活泼可爱……

生活在黑暗中的那段时光，让乔伊斯构思出来的《芬尼根守灵夜》整本书都充满了一种梦幻般的色彩。而且，受当时《尤利西斯》的影响，在好多地方，乔伊斯构思出来的情节都如同是一部续集而不是新的篇章。

事实上，乔伊斯也确实就是如此打算的，他曾向诺拉说过："如果《尤利西斯》代表着我们周围的白天，那么，就让《芬尼根守灵夜》来代表我们的黑夜吧。"为了表现出纯粹的黑夜，在这部作品中，他用了许许多多让人异常难懂的组合，他希望能够让文字也恢复那种"睡意蒙眬"的姿态。

乔伊斯为自己的构思而感到兴奋，他恨不能立即将脑海中的设想记录下来。不过，虽然他的眼睛已经能够看到东西了，但是想想博尔西医生的叮嘱，他只好减少自己阅读的时间，同时在心中期待着眼睛能够早日回到健康的状态。

2. 谴责声声

再一次的检查过后，乔伊斯终于看到博尔西医生点了头，他心中的一块大石终于落了地，要知道，他每天的阅读量都比博尔西医生规定的要多，因此，在检查完之后，乔伊斯才会如此在意检查的结果。不过，博尔西医生还是告诉了他一个喜讯：他的眼睛暂时治好了，只要以后注意一些就没问题了。

博尔西医生说的时候，乔伊斯认真地点着头，仿佛真的记在了心中，其实这个时候，他已经开始想念钢笔与纸张了。乔伊斯想将心中早已整理妥当的一些东西，迅速记录出来，他害怕自己会在不经意间又改变了主意。

当乔伊斯将脑中早已确定的文字"搬"到纸上的时候，他抑制不住心中的喜悦与兴奋之情，立即给韦弗小姐写了一封信："您肯定想象不到，在《尤利西斯》之后，我再一次拿起了破旧的钢笔，一口气完成了两页的稿子。或许您是对的，就如同狼无法放弃它的劣行一般，我也同样无法放弃写作。"

韦弗小姐看了乔伊斯写出的这两页稿子之后，她给出了很高的评价，这一点让乔伊斯非常满意。因为，在这个作品中，乔伊斯改变了曾经对巧合、对时间的执着，表现出了一种跨越时空的升华。而这种改变，被韦弗小姐发现并提了出来，这让乔伊斯感觉自己已经成功了。

随后的谈话中，两人之间的话题转移到新作的出版问题上。乔伊斯却表示不愿让《芬尼根守灵夜》在杂志上分段发表，他觉得，如果那样做了的话，那么整本书所要体现出来的那种效果，就会因为这个失败的方式而丧失，从而毁了这部自己呕心沥血的作品。

但是，乔伊斯很快就发现，除了在各个杂志上连载，自己别无选择。于是，他只好做出妥协，开始将已经写好的章节向自己熟悉的那些出版社寄去。

不过，乔伊斯的这些稿子并没有得到出版社编辑们的认可，如果不是因为乔伊斯的《尤利西斯》比较受欢迎，他们甚至不愿意多看《芬尼根守灵夜》一眼。而且，随着作品发表出来的章节越来越多，就连最初支持乔伊斯的韦弗小姐也表示出了不同的意见。

在所有的反对声中，乔伊斯的弟弟斯坦尼斯劳斯是最为直言不讳的。斯坦尼斯劳斯在看过乔伊斯寄给他的前几个章节之后，给乔伊斯的回信中，就充分表现了自己的不解与愤怒。他写道：

"如果说这本书是你文学路上最大的成就，那么我有理由相信，未来的人们将会放弃阅读。毕竟当我在读这两章的时候，那种感觉实在痛苦极了。如果你不是我的哥哥，我相信自己一定不会坚持将这些稿子看下去的。"

这封信中，斯坦尼斯劳斯总算给乔伊斯留了一些面子，没有将《芬尼根守灵夜》批得一无是处。他向乔伊斯指出，在这本书中，乔伊斯的文采依旧，这是他坚持读完的另一个原因。

最后，斯坦尼斯劳斯向乔伊斯提出了意见："或许，如果你后面的章节没有那么冗余，不再固执己见地将它们安排成想象中的闹剧，同时，在字里行间将你的真诚与感情表现出来。我相信，那将成为一部不可多得的巨著。"

除了这些指责外，那些出版社的编辑们也纷纷向乔伊斯表示了他们的不满，他们甚至问："您是不是操劳过度，将垃圾箱的废纸找出来，重新誊写了一遍，甚至没有修改错别字就给我们发了过来？"

就在众人的指责声中，乔伊斯完成了《芬尼根守灵夜》的第一部分，总共八章的内容。这个时候，萦绕在乔伊斯耳畔的指责批评声更多了。就连诺拉也无法忍受了，她向乔伊斯喊道："难道你就不能写两部让众人都看懂的作品吗？"

周围这一切的质疑声，让乔伊斯也陷入了深深的矛盾之中，一些早已构思好的关于《芬尼根守灵夜》的想法，也在指责声中被他放弃了。一时之间，他竟然无法提起笔，将作品再次进行下去了。

在焦虑与烦恼中，乔伊斯的眼睛再次出现了问题。博尔西医生为他诊断之后，再次宣布道："乔伊斯先生，我将尽自己最大的努力，不过，还是请您做好最坏的打算。"

听到严谨的博尔西医生竟然说出了这样的话语，乔伊斯和诺拉都惊呆了，他们没有想到，乔伊斯的眼病这一次竟然会如此严重。

最终，在经过几次手术之后，乔伊斯终于得到医生的允许从诊所回到了家中。这个时候，他的情绪失落到了极点，眼睛仍然有着疼痛的感觉，而他看东西则更加模糊了，因为，乔伊斯的左眼，几乎不再工作了！

3. 一石激起千层浪

窗外的雨不知道什么时候停了下来，乔伊斯抬手摸了摸早已放弃工作的左眼，轻轻地叹了口气，雨停了，天就会晴朗起来，但是那段时光，一直都是阴霾的啊……

虽然接二连三的打击让乔伊斯有了一种挫败的感觉，但是他仍然像弟弟斯坦尼斯劳斯曾经说过的那样"什么都不管不顾，仍然按照自己的想法去做"。为了不让糟糕的视力影响到工作，乔伊斯又学了一些打字的技巧。就这样，他坚持着完成了《芬尼根守灵夜》的第三部。

就在乔伊斯重新审查自己的稿件时，忽然发现，这一部，似乎过分得连自己都无法接受了。犹豫再三之后，乔伊斯还是决定将稿件给韦弗小姐寄过去，就在信封口的那一刻，他似乎已经看到了韦弗小姐无可奈何、万分沮丧的表情。

信件发送出去之后，乔伊斯没能够在家安安静静地等到韦弗小姐的回信，因为，他的眼病再一次犯了。在博尔西医生的强烈建议下，乔伊斯决定给自己放个长假，让眼睛再一次从文字中解脱出来。

旅途中，乔伊斯收到了韦弗小姐的回信，她的态度比乔伊斯想象的还要好，但是，乔伊斯从那字里行间看出了韦弗小姐有所保留。他想了许久之后，决定向韦弗小姐提出一个要求，从而让她能够从这本书中体会到一种参与感。

乔伊斯所想到的要求是：如同人们找裁缝为自己缝制衣服一样，请求韦弗小姐为自己提出要求，然后由乔伊斯根据这些要求去完善作品。

韦弗小姐收到这封信后，觉得乔伊斯的这个建议非常有趣，值得一试。于是，在她的下一封信中，不仅表现出了对乔伊斯下一部作品的期待，还提供了两个材料，并提出了要求。

只是，当韦弗小姐拿到"定制"的作品之后，她发现，乔伊斯再一次让自己失望了。考虑再三，韦弗小姐拿起笔，以一名普通读者的语气写了一封信。在这封信中，韦弗小姐虽然已经尽量委婉，但是对乔伊斯的失望之情仍然流露了出来。

在信中，韦弗小姐表示出，如果乔伊斯仍然按照这种风格继续写作的话，恐怕没有出版社敢出版他的作品，除非乔伊斯能够允许将自己整理出来的详细注解也出版，共同公布。韦弗小姐还表示，如果乔伊斯的作品能够精简、朴素的话，即使出版的书籍比现在要贵，也会有大量的人购买。

读完信后，乔伊斯久久没有说话，他的心中，还有着最后一丝的希望：在收到这封信的前两天，他将有关肖恩的这一部分文稿也发给了庞德一份。乔伊斯希望，庞德能够给予一些正面的评价。

当天下午，庞德的回复就到了。这封信中，乔伊斯没有找到自己需要的慰藉，庞德的话语比韦弗小姐的批评更加直接。庞德向乔伊斯指出：除了乔伊斯曾经口述的那段故事外，乔伊斯寄去的那些书稿，对他而言，纯粹就是预言家批示的神意——完全不能理解。

曾经最忠实的两位盟友，现在却一致提出了反对的意见，这个打击让乔伊斯异常沮丧。不过，他还是鼓起勇气，在心中安慰着自己：每个人的一生中，总会有那么一段时间被众人所误解，只要坚定不移地走下去，总会有守得云开见月明的那一天。

就在乔伊斯不断鼓励自己，准备开始创作《芬尼根守灵夜》新的篇章时，他接到了来自弟弟斯坦尼斯劳斯的一封信。在信中，斯坦尼斯劳斯告诉哥哥，他终于找到了自己命中注定的另一半，而且他们已经商议好，等到第二年就结婚。

斯坦尼斯劳斯的信为乔伊斯带来了一份喜悦，他暂时抛开了心中的那一份阴霾，不去想已完成作品中的问题，不去想新的构思中将发生什么，而是将注意力转向了弟弟的喜事之上。与诺拉商议一番之后，乔伊斯决定，为斯坦尼斯劳斯寄去一份"彩礼"，当作是兄长为弟弟成家准备的贺礼。

完成这些事情后，乔伊斯在心中告诉自己：这一定是冥冥之中的启示，暗示自己一定要坚定不移地走下去。然而，他还没有来得及将心完全沉浸在新的构思时，又有事情发生了。

首先，乔伊斯的妹妹——艾琳给乔伊斯写信，说自己在都柏林发生了一些事情，需要一些钱来渡过难关，而且时间也非常紧，希望乔伊斯能够以最快的速度帮助她。乔伊斯的心中虽然疑惑，但是在确定是妹妹的需求之后，恰逢最近财政并不紧张，于是就让诺拉将钱给艾琳打了过去。

艾琳的这封信让乔伊斯刚刚平静的心又开始了担忧，他不知道艾琳究竟出了什么问题，为什么会需要那么多的钱？他的心中还有另一个疑惑，为什么艾琳不向她的丈夫肖瑞克提出这个要求呢？

出于对妹妹的尊重，乔伊斯并没有向艾琳打探原因，他只是反复地叮嘱她：如果她遇到的难题得到了解决，一定要通知自己一声，也免得自己再担忧，艾琳答应了。

一段时间过后，乔伊斯得到了消息，这个消息却不是艾琳传过来的，而是斯坦尼斯劳斯。他告诉乔伊斯：艾琳的丈夫——肖瑞克死了，法医经过检查后宣布，是自杀。乔伊斯一下子就蒙了，他甚至不敢再联络艾琳，因为他不知道，这个消息应当如何去诉说。

纸终究包不住火，当艾琳从都柏林回到的里雅斯特之后，她很快就从别人的口中得知了这个消息。斯坦尼斯劳斯告诉乔伊斯，当时艾琳听完后不相信这是真的，她说肯定是肖瑞克与他们商议好了一起来骗自己的。

在众人的坚持下，艾琳的信心有了几分动摇，不过她仍然坚持肖瑞克还活着，只是藏起来没有迎接自己罢了。众人无奈，只好将艾琳带到埋葬肖瑞克的地方，让她亲自看到了肖瑞克的坟墓，她才真正相信了这一噩耗。

艾琳相信了，与此同时，她的精神也几近崩溃了，这位在都柏林奔波劳碌的女子终于再也坚持不住，病倒了。

接二连三的事情让乔伊斯再也无法将心安静下来去构思《芬尼根守灵夜》的新篇章了。他思量再三之后，给韦弗小姐和庞德分别写了一封信。在信中，乔伊斯告诉他们：他决定放弃《芬尼根守灵夜》，至于后面的部分，就交由别人来完成吧。

乔伊斯这封信的内容不知怎么传了出去，顿时引起了轩然大波。

4. 无奈的放弃

露西亚的房间中突然响了一声，乔伊斯打个激灵，急忙披上外衣跑了过去。走进露西亚的房间后，乔伊斯才知道，原来露西亚做了一个噩梦，吓得喊了出来，但是现在又模模糊糊地睡着了。他坐在露西亚的床边，确定女儿已经睡熟了才转身回到卧室。

回到卧室后，乔伊斯也有了一丝睡意，躺在床上，朦胧中，似乎他的思绪又穿越时空，回到了那段充满了沮丧、失望的时光……

韦弗小姐和庞德接到乔伊斯的信之后，两人大吃一惊，虽然给乔伊斯的信中，两人都表示出了强烈的反对，但是他们的目的是希望乔伊斯能够在以后的作品中让描写对象更清晰一些，而不是让乔伊斯放弃写作。

这封信也让两人开始检讨自己的行为，他们反复思考着，是不是自己的评语过于激烈了，所以才会让乔伊斯有了如此大的反应。但是，无论如何，对韦弗小姐和庞德而言，当务之急是打消乔伊斯放弃的念头。

就在韦弗小姐和庞德思考着如何劝说乔伊斯打消放弃的念头时，他们忽然又得到一个消息：乔伊斯已经物色好了《芬尼根守灵夜》剩下几篇的作者。两人听到消息后，顿时目瞪口呆，他们都没有想到，乔伊斯的动作竟然会如此之快。

不过，韦弗小姐和庞德都非常了解乔伊斯，他们知道，乔伊斯一定会用几个月的时间去观察那名作者。在此期间，他一定不会将作品的后续工作交给新人的。也就是说，韦弗小姐和庞德还有机会，只要能够在交接之前成功劝解乔伊斯，就不会出现最糟糕的状况。

乔伊斯选定的这名作者是詹姆斯·斯蒂芬斯。乔伊斯也是通过别人的介绍才认识詹姆斯·斯蒂芬斯的，听到这个名字后，他就觉得与这个人有缘分。因为詹姆斯·斯蒂芬斯与乔伊斯的名字相同，而姓氏正好是乔伊斯在自己的作品中最满意的一个。

不仅如此，经过一番调查后，乔伊斯发现，斯蒂芬斯竟然与自己是同一天的生日，这个发现让乔伊斯更加激动了，他几乎认定斯蒂芬斯就是自己一直在寻找的那个人了。而且，通过一段时间的接触，热情洋溢的斯蒂芬斯也让乔伊斯心中的忧郁减少了许多。

正当乔伊斯思考着要不要将《芬尼根守灵夜》这本书的后续部分交给斯蒂芬斯时，韦弗小姐的信到了。这是一封道歉信，她向乔伊斯写道，她为曾经严厉苛责乔伊斯而感到抱歉，但是她的本意是希望乔伊斯能够将天分完全地展现出来，让世人羡慕、惊艳，而不是等待时间的证明。

在信的最后，韦弗小姐表示，经过这一段时间的思考之后，她也想清楚了，无论大家如何评价乔伊斯的书籍，即使充满了质疑与批判，至少说明还是有许多人在关注着他。因此，韦弗小姐决定，以后不再说那些打击的话语，而是坚定地站在乔伊斯一方。

庞德虽然没有明显地表达歉意，但是却带了许多乔伊斯的好友，前来慰问。在交谈中，众多好友也表现出反对乔伊斯将作品交由他人完成的想法。看着这些关心自己的朋友们，乔伊斯的心中感到暖烘烘的。

不可否认，朋友们的这些做法起到了积极的作用。正是他们的反对才让乔伊斯决定再一次拿起笔，将《芬尼根守灵夜》进行下去。在过去的时间中，乔伊斯已经完成了《芬尼根守灵夜》的第一卷和第三卷，接下来，他准备先完成第四卷，然后再思考最为艰难的第二卷。

但是，即使是构思相对简单的第四卷，乔伊斯的写作之路也并不平坦。因为，他的眼睛再次发生了问题。乔伊斯不得不听从医生的吩咐，停止阅读与创作，赶到苏黎世，准备再一次接受对眼睛的手术。

在手术前，医生曾向乔伊斯夫妇表示过，让他们做好最坏的打算，忐忑不安的乔伊斯将这件事写信告诉了儿子乔治。乔治很快就回信安慰乔伊斯，他说，如果可以保留一只眼睛的话，那么至少乔伊斯还可以看见周围的景物；如果两只眼都失去作用的话，至少乔伊斯还有耳朵可以听到声音。

乔治的话让乔伊斯会心一笑：自己竟然还没有儿子看得开，或许正因为是发生在自己的身上，才会导致自己如此在意吧。

手术完成后，又过了几天，一直在观察的医生才告诉乔伊斯夫妇，手术效果比原先预计的要好，只要乔伊斯的眼睛能够保持不再进入青光眼的那种状态，那么视力将会比手术前要好。

乔伊斯完全按照医生的叮嘱保护着眼睛，除了参加一些必要的话剧演出外，从来不摘除眼镜。而他的眼睛也确实有所好转，渐渐地，乔伊斯又可以正常地阅读、创作了。虽然每次时间都不会很长，但是他已经非常满意了。

这种状况下，《芬尼根守灵夜》的完成时间也被不断后推，而且，随着乔伊斯年龄的增大，他的身体状况也大不如前，已经无法再亲手整理书稿了。乔伊斯不得不请年轻助手来帮忙，许多时候，都是由躺在床上的乔伊斯进行口述，助手迅速地记录在纸上。

当《芬尼根守灵夜》终于全部完稿后，乔伊斯已经没有精力再进行校对了，而且这部稿子的完成日期已经被延后了太久，他也明白不能再拖了。于是，乔伊斯联系了朋友们，让他们来帮助自己进行校对。

做出这个无奈的决定后，乔伊斯仿佛在瞬间苍老了许多，对他而言，《芬尼根守灵夜》是一部比《尤利西斯》还要让自己满意的著作。但是，由于身体的原因，他却不得不放弃这最后的一步。

看着窗外渐渐下落的红日，乔伊斯的眼中起了一层水雾，渐渐地，一滴浑浊的泪水顺着他的脸颊流了下来。如果可以，他真的希望，这部著作能够由自己亲自完成。

第十章　最后的时光

1．充满回忆的地方

乔伊斯的朋友们经过努力之后，终于在年底完成了《芬尼根守灵夜》的校对工作。第二年5月的时候，这本书就顺利出版，并且进入了伦敦与纽约的市场。

构思《芬尼根守灵夜》这本书的时候，乔伊斯曾经在心中暗暗祈祷：希望这本描绘黑夜的书结束的时候，女儿露西亚的病情也能够有所好转。现在，他已经从黑夜中走了出来，但是露西亚的情况却仍然不容乐观。

曾经有医生向乔伊斯指出，露西亚的状况并不独特，这样的病情他们也见过，最好的治疗方案就是将露西亚与乔伊斯夫妇完全隔离开。但是乔伊斯始终认为，应当有更快治愈露西亚的方法，恰好，他也需要到苏黎世去治疗自己的眼睛，因此，他坚持将露西亚从疗养院中带了出来。

随后，露西亚又经过了各种各样的治疗，有在医生指导下进行的，也有在护士的陪同下自己休养的。不过，无论露西亚尝试哪一种治疗方案，乔伊斯都会尽量安排时间陪伴在她的身旁。如果真的无法抽出时间，那么乔伊斯就会给露西亚写信。而对于乔伊斯的每一封信，露西亚都会以最快的速度回复。

但是这样生活过一段时间之后，乔伊斯发现，露西亚的病情没有丝毫好转，而且即使是在信中，他也可以看出女儿思绪非常混乱，就如同《芬尼根守灵夜》给人的感觉似的，混乱、模糊、难以理解!

发现这一点后，乔伊斯觉得自己真的应当接受朋友们的建议，为露西亚找个著名的医疗专家来照顾她，要不然他担心女儿的状态会继续恶化。出于这方面的考虑，乔伊斯带着露西亚到了苏黎世，在那里开始了对露西亚系统的治疗。

在露西亚频繁转换治疗场所的过程中，还发生了一件极为惊险的事情。那是在一次转换医院的前夜，露西亚竟然悄悄在房间中点火，幸好护士发现得比较早，才避免了悲剧的发生。这件事更坚定了乔伊斯要迅速帮助女儿康复的念头。

换了医院之后，负责治疗露西亚的是一名叫荣格的医生。他认真地观察露西亚一段时间之后，告诉乔伊斯：露西亚有精神分裂的表现，这一点在她的诗中能够更明显地看出来。但是，乔伊斯看过露西亚写的诗后，却认为女儿的诗没有什么问题，不过是尚未被人理解罢了。

荣格医生没有同乔伊斯继续争辩，乔伊斯却在心中暗暗猜想："荣格医生一定认为我也患有精神分裂症吧？"后来，同荣格医生接触得多了，乔伊斯终于将这个问题说了出来。

荣格医生看了看乔伊斯，说道："其实，您也有这样的症状，只不过都被您用其他的方式将情绪宣泄出去了而已！"

谈话至此终结，乔伊斯觉得，对荣格医生而言，根本就无法同露西亚进行沟通，自然也就无法给露西亚提供帮助了。他同医生商议，希望能够将女儿带走，在家里进行休养。荣格医生同意了，同时，他建议乔伊斯尽量给露西亚一个安静、舒适的环境。

离开后，乔伊斯将露西亚安置到一幢小别墅里，并且将妹妹艾琳接来照顾露西亚。只是，露西亚只在这样的环境中生活了一小段时间，就追随着父亲的脚步回到了巴黎，而艾琳则长舒了一口气，没有继续与露西亚在一起生活。

返回巴黎的露西亚状况仍然时好时坏，乔伊斯不得不将她再次安置到一所精神病院内，请专业的医护人员来照料她的生活。如果条件允许，乔伊斯也会去看她。这个时候，露西亚总是表现得异常乖巧，仿佛正常人一样。

正当乔伊斯为露西亚的逐渐好转而感到欣慰时，来自儿子乔治的一封信又将他给打蒙了：儿媳海伦竟然也发生了类似露西亚的状况，医生检查后确定，海伦精神崩溃了。

这时，战争的消息也在巴黎蔓延开来，人们的生活规律都有了一些变化，晚上街上巡逻的士兵多了起来，游荡的人们都不见了，整个城市中充满了一种恐慌与不安。

有露西亚的例子在前，乔伊斯知道，海伦的生病对乔治而言，是一种巨大的打击。因此，他与诺拉商量之后，决定以最快的速度赶到海伦所在的疗养院。一方面去看望海伦，另一方面则是安慰乔治。

结束完疗养院的探视之后，乔伊斯夫妇并没有直接返回巴黎，而是像大多数避难的人一样，暂时居住在拉博勒，等候着战争的结束。其后不久，露西亚所在的疗养院也搬迁到了距离拉博勒不远的波尼歇，听到这个消息后，乔伊斯终于不再担心露西亚的安全了。

几天之后，乔伊斯夫妇却再次接到了乔治的信，乔治向父母诉说了这段时间海伦的表现，并且表示，自己再也坚持不下去了，乔伊斯夫妇只好再次返回巴黎。乔伊斯夫妇见到海伦后，发现海伦的状况果真已经非常糟糕了，于是赶忙将她安排进了叙雷纳医院。

安排好海伦的事情后，乔伊斯夫妇接受乔拉斯太太的邀请留在了叙雷纳。不过，这天晚上乔伊斯突然感到了一阵难以忍受的胃疼，他只好早早地就休息了。念及往日医生常常念叨的"神经疼"，乔伊斯还以为是往日饮食不规律引发的隐患呢，因此也没有在意，第二天起来后也没有去看医生。

在乔拉斯太太所处的这个小村庄住了几天之后，乔治觉得非常不适应，因此提出了离开。乔伊斯原本也想一同离去的，但是诺拉却觉得这里暂时很好，不愿离开，乔伊斯只好继续待下去，不过他的心中却开始考虑一个安全的定居之所。

最终，乔伊斯想到的地方，是那个充满了回忆的城市——苏黎世。在那个城市里，乔伊斯第一次得到了认可；在那个城市里，乔伊斯第一次感受到了来自陌生人的温暖；在那个城市里，乔伊斯一次次地拯救回自己的眼睛；也是在那个城市里，有许多乔伊斯与露西亚共同走过的足迹……

2. 传记

除了渴望更改居住环境外，乔伊斯也在等待自己的传记——《詹姆斯·乔伊斯》。

当初乔伊斯将《尤利西斯》完稿之后，他就产生了一种想法：希望能够有一个人，从第三方的角度将自己的生活记录下来，从而让更多的人认识并了解自己。在乔伊斯的设想中，传记中的自己必然要是一名久经磨难，但是从未放弃写作的坚持者。

有了这样的想法之后，乔伊斯就开始物色合适的人选。有一天，他与吉尔伯特聊天时，假装不经意地流露出这层意思，但是当时吉尔伯特并没有什么表示。

几天之后，乔伊斯与吉尔伯特再次坐到一起，不知不觉中就聊到了生活的艰难之上。吉尔伯特似乎在一瞬间找到了知己，他向乔伊斯大倒苦水，说无法得到别人的尊重，说生活状况糟糕透顶。最后，吉尔伯特不无嫉妒地说道："吉姆，你应当为自己的幸福而欢呼了，至少你现在不缺钱，而且也有了一个美满的家庭！比起我来，你那些所谓的磨难什么也不算。"

乔伊斯笑着听完了吉尔伯特的抱怨，他知道，对方之所以借着酒劲来诉说这些难处，只是为了向自己表达一个态度：不愿为乔伊斯写传记。或者也可以说，是吉尔伯特不想完成由别人设计好的传记。

明白了这一点后，乔伊斯就不再与吉尔伯特谈论这一方面的东西，而是聊些双方都感兴趣的话题。当谈话结束，他与吉尔伯特分开之后，心中就有了一个决定：将目光转向其他擅长写传记的作家。

后来，在朋友的推荐下，另一名擅长写历史类小说的作家进入了乔伊斯的视野，这名作家就是哈佛·葛曼。乔伊斯还记得，向自己推荐的这位朋友为了证明哈佛·葛曼有这个能力，特意找来了一些哈佛·葛曼的作品。

乔伊斯翻阅过这些作品后，发现其中竟然有一些关于自己的描写与评论，虽然略有偏颇，不过倒也在他的容忍范围之内。于是，乔伊斯决定亲自见见哈佛·葛曼，通过谈话然后再确定是否要授权，由哈佛·葛曼来为自己写传记。

两人的初次见面气氛极为融洽，哈佛·葛曼给乔伊斯留下的第一印象很好。当哈佛·葛曼离开后，乔伊斯向诺拉说道："这位作家挺不错的，通过这次谈话，我至少可以确定他拥有扎实的基础。"诺拉对此则不置可否。

经过一段时间的接触之后，哈佛·葛曼也了解了乔伊斯所希望达到的效果，思考再三后，他表示，自己会全力以赴。哈佛·葛曼的态度让乔伊斯非常满意，他决定将自己的传记交给哈佛·葛曼来做。

下了这个决定之后，乔伊斯就向哈佛·葛曼表示，自己将会尽最大的努力帮助哈佛·葛曼完成这一著作，但是由于一些事情不便亲自说出口，因此，乔伊斯也向哈佛·葛曼建议：可以去寻求乔伊斯朋友们的帮助，当然，乔伊斯会提前向朋友们打招呼的。

起初的时候，哈佛·葛曼不明白乔伊斯为什么会莫名其妙的这样说，但是在收集资料的过程中，他发现了一个问题，乔伊斯偶尔会表现得富有激情，那个时候他就会异常开朗，对于哈佛·葛曼所提出的问题，都会详细地解答，偶尔也会用非常幽默的话语同哈佛·葛曼交谈。

但是有时候，乔伊斯却像是完全变了一个人似的，这个时候，他喜欢一个人独自坐着，什么也不说，即使身旁有坐着的人，乔伊斯仍然会不管不顾地继续保持沉默。发现了这一点后，哈佛·葛曼就尽量在乔伊斯心情好的时候提些问题，不过，这方法也有失效的时候。

试探过几次之后，哈佛·葛曼终于明白了，虽然有时候乔伊斯会因为心情的原因而拒绝交流，但是他却会指点哈佛·葛曼寻找到需求的答案。总的来说，乔伊斯对于自己的传记还是非常期待的。

即使有乔伊斯的正式授权，哈佛·葛曼搜集资料的过程也不是一帆风顺的。为了追溯乔伊斯曾经走过的那些足迹，他需要去不同的城市，找许多甚至乔伊斯都记不清楚的朋友咨询。这意味着哈佛·葛曼不仅有可能面对拒绝，还必须为此准备充足的资金。

而且，即使是乔伊斯身旁比较亲近的朋友也有一些人拒绝谈论往事，庞德就曾向哈佛·葛曼说过："请不要与我谈论任何有关记忆的事情。"与此相似的，是乔伊斯的另一些朋友，他们已经开始策划回忆录了，因此也不愿与哈佛·葛曼谈论太多。

"韦弗小姐是乔伊斯朋友中表现最为热情的。"哈佛·葛曼说道，"但是在一开始的时候，她也无法像乔伊斯一样坦诚而言，总是会不自觉地隐瞒一些东西。而这，很明显都给这本传记带来了不小的困难。"

正是由于这些原因，使得原本哈佛·葛曼向乔伊斯承诺的一年时间一再后拖。这样过了三年的时间，但是哈佛·葛曼仍然无法给乔伊斯一个完成的样本，乔伊斯一怒之下，宣布自己曾经对哈佛·葛曼的授权不再有效，哈佛·葛曼也不必再为此而头疼了。

从那以后，关于传记的消息乔伊斯就再也没有提起过，仿佛那想法真的就只是生活中的一个小插曲，过去了也就算了。

然而，就在乔伊斯夫妇来到叙雷纳的前几天，乔伊斯忽然又收到了一封哈佛·葛曼的信，在信中，哈佛·葛曼向乔伊斯表示过歉意之后，又说道，关于乔伊斯的传记已经完成并且准备就绪，只要乔伊斯点头同意，就可以迅速出版了。这个时候，距离乔伊斯当初授权的时间，已经过去了九年。

虽然这个时候的乔伊斯，已经遵从医生的嘱咐，尽量不再查看字稿了，但他还是请身旁的朋友给哈佛·葛曼回了一封措辞极为严厉的信。在信中，乔伊斯表达了对哈佛·葛曼办事效率的指责，同时要求他必须先寄一份打字稿交由乔伊斯审阅，当乔伊斯确定没有问题准许出版的时候，哈佛·葛曼才能够与出版社沟通相关的问题。

收到这封信后，哈佛·葛曼不敢怠慢，急忙按照乔伊斯的意思去做。随后，他又收到了乔伊斯关于这份打字稿的修改意见。在修改意见中，乔伊斯着重提了自己与父亲的关系，还有就是自己的婚姻问题。

乔伊斯希望能够通过传记表现出自己既是一个孝子，同时还是一名坚持心中信念的圣徒，因此，他修改了许多哈佛·葛曼的稿件中关于他与父亲的描写，也删减了一些内容。至于婚姻，乔伊斯则直接建议哈佛·葛曼删去那些复杂的内容，因为他觉得这涉及几个国家关于婚姻的不同规定，而并不是自己夫妇的过错。

将这些修改意见寄给哈佛·葛曼之后，乔伊斯就一直等待着校样。虽然他相信哈佛·葛曼肯定会按照自己的意见进行修改，但他仍然觉得亲自确认后才更加保险。

3．平淡的幸福

等待的生活无聊而烦闷，周围避难的人群越来越多，而乔伊斯的脾气也越来越暴躁了，他对这样的生活似乎已经到了无法忍受的地步，就连面对诺拉，他也没有了像往日那般说话的欲望。

乔伊斯的这些变化让诺拉觉得不安，她感到似乎有什么正在丈夫的身上发生，而自己却一无所知，但是她也不知道应当如何去问。而且，乔伊斯不与诺拉说话已经持续好长一段时间了，以至于诺拉有时候都想让这临时的住所有客人来。她认为，有客人来的话，至少吃饭的时候，饭桌上不会再是死气沉沉的气氛。

这样的生活并没有持续很久，因为乔伊斯得到消息：巴黎沦陷了。几天之后，德国大兵的脚步又踏上了圣热朗勒皮伊的土地，好在他们只待了六天就退了回去。即使是这样，乔伊斯夫妇也感觉战争似乎在一夜之间就到达了自己的身旁。

出于安全的考虑，乔伊斯再一次有了去苏黎世定居的念头。不过，如果要出边境的话，他们还必须克服许多问题，其中最大的困难就是乔治。因为乔治的年龄正处于征兵的范围之内，即使法国没有向他发出调令，德国也不会让他自由活动。

好在乔伊斯曾经为了掩饰身份而托朋友为乔治准备了一个身份证明，证明乔治是小村庄里面学校的教员，以此遮掩了过去。那段时间里，每一天都会有大量的人们关注着无线电，期待能够收听到胜利的消息，而乔伊斯则继续对《芬尼根守灵夜》进行修改。

当然，这个时候的乔伊斯已经没有了持续工作的精力，所谓的修改只不过是查看里面的一些印刷错误而已。

随着局势越来越紧张，乔伊斯的朋友也大多选择了离开。乔伊斯觉得，自己一家也势必不能再继续停留下去，应该为离开做准备了。为此，乔伊斯和乔治开始了每天的奔波，他们持续不断地往返于办理手续的当局，向所有能够提供帮助的朋友求助。

除了乔治的问题，乔伊斯也为了露西亚而奔波，他不知道，如果露西亚也到苏黎世的话，能不能得到当局的允许；此外，他还必须考虑，有哪所疗养院可以照顾好像露西亚这样的患者。

在多次奔波毫无结果之后，乔伊斯放弃了盲目的寻找，开始向在苏黎世的朋友们求助，请求他们想办法帮助自己一家人进入苏黎世，同时也请求他们为露西亚寻找一家合适的疗养院。

这些求助的消息散发出去之后，虽然有许多如同石沉大海，没有得到任何回音，但最终，乔伊斯还是得到了期待已久的结果。关于露西亚的问题，有朋友向乔伊斯推荐了瑞士普雷卡雷疗养院，乔伊斯同这个疗养院联系之后，觉得对方确实不错，于是就向疗养院诉说了露西亚的情况，问他们能不能直接将露西亚转过去。

疗养院并没有让乔伊斯等待许久，他们很快就给出了回复。回复中，他们声称，只要能够将露西亚带到苏黎世境内，疗养院就会前去接应。收到这个消息后，乔伊斯兴奋地向诺拉喊道："我们不用再为露西亚的疗养场所而担心了，已经有疗养院表示愿意接收露西亚了。"

接着，乔伊斯的另一位朋友也传来了一个好消息：他认识的一名律师恰好能够帮助到像乔伊斯这样想要紧急离开法国的人。乔伊斯兴奋极了，他迅速联系了那名律师，并且在对方的帮助下，成功到达了苏黎世。

重新站在三十六年前居住过的城市里，乔伊斯看看周围一脸疲惫的家人，心中忽然有了一阵恍惚：当年带着家人离开时，自己是何等的骄傲，那时的自己意气风发，仿佛整个世界都要在自己的脚下臣服；但是时至今日，再一次站在这一方土地上，自己已然鬓霜背驼，视力模糊了，而家庭仍然处于贫困潦倒之中。

诺拉虽然也有些感慨，但是她没有想到，身旁的这个男人竟然在这一瞬间心态发生了改变。

不过在接下来的几天中，诺拉很快就发现了乔伊斯的转变，因为一向大手大脚的乔伊斯竟然也开始懂得节约了，除了偶尔给孙子买些礼物和零食外，他口袋中的钱基本不会再减少了。

除此以外，诺拉还发现，乔伊斯似乎对一些关于死亡的话题开始敏感起来，有时候，当他的朋友来了随手将帽子放在床上时，他就会出言责备："嘿，请将帽子拿起来好吗？对我来说，放在床上那意味着将会有人要离去。"

第二个发现乔伊斯有所转变的是乔治，因为他记得，在躲避战争的时候，乔伊斯就曾答应过，等到了苏黎世就向乔治说明自己的身体究竟出了什么问题。但是，已经在苏黎世安家好长时间了，乔伊斯却似乎是忘记了这个允诺，丝毫不再提起了。不过，乔治觉得父亲每天的生活习惯似乎没有太大的改变，便以为父亲的身体已经康复了，也就没有继续问询。

生活似乎渐渐平淡了下来，在这战火纷飞的年代中，能够享受到这样平静的生活，诺拉觉得这就是莫大的幸福，她希望这样的幸福能够一直持续下去。

还未到达苏黎世的时候，乔伊斯还一直写信催促哈佛·葛曼，如果传记出版了的话，一定要给自己发一份，但是他没有坚持到传记的到来，就到了苏黎世。后来，乔伊斯得到消息，这本传记在自己到达苏黎世之后才正式出版。

让诺拉不解的是，乔伊斯这一次没有继续催促哈佛·葛曼以及出版社，他似乎也陷入了对现在生活状况的享受之中。

眨眼之间，圣诞节就要来临了，乔伊斯还特意带着孙子斯蒂芬出去买了一棵小圣诞树。小圣诞树非常漂亮，斯蒂芬兴奋地围绕着它跑来跑去。不过，圣诞节那天小圣诞树却没有派上用场。因为，乔伊斯一家是与吉迪翁夫妇在一起度过的这个圣诞节。

4．溘然长逝

1月7日的时候，乔伊斯得到消息，自己的兄弟斯坦尼斯劳斯受到战争的影响而换了居住地址。于是，他静静地坐在桌子前，将所有自己能够想到的、有可能给斯坦尼斯劳斯提供帮助的人名都写了出来，然后寄了出去。

这些天，乔伊斯已经隐隐约约感觉到肚子不舒服了，他的饭量大为减少。诺拉还以为乔伊斯想念餐馆的美味呢，于是气鼓鼓地带着他去餐馆。但是乔伊斯依然表现出没有胃口的样子，他只是抿了几小口酒，嘟囔了几句莫名其妙的话语，然后就准备往回走了，诺拉只好快步跟上。

两天后，乔伊斯听说有绘画展览，起了欣赏的念头，于是就跟着诺拉去了。不过，那天的天气实在糟糕透了，不仅下雨，而且还夹杂着雪花。欣赏完展览之后，在乔伊斯的提议下，他们又来到了餐馆。

只是，乔伊斯很快就发现，虽然桌子上的饭菜极为诱人，但是自己却没有丝毫想要吃饭的欲望。回家的路上，诺拉不小心差点滑倒，她抱怨似的笑着说道：“真不明白，既然不想吃饭，为什么还要在餐馆停留如此长的时间。”

晚上的时候，乔伊斯却忽然抱着肚子喊疼，诺拉原本以为是胃痉挛，很快就会过去了，可是乔伊斯的表情却越来越痛苦，抱着肚子在床上滚来滚去。诺拉实在不知道应当如何办了，只好让乔治出去找医生。

医生看过乔伊斯的状况后，决定为乔伊斯注射吗啡，不过他很快就发现，吗啡并没有起任何作用，因此，他只好建议将乔伊斯转移到就近的医院进行治疗。

年幼的斯蒂芬不知道发生了什么事情，他揉着惺忪的眼睛，却发现疼爱自己的爷爷被人用带子紧紧地绑在一副担架上，然后两个人抬着担架向外面的救护车跑去。在人群的缝隙中，斯蒂芬看见了爷爷的脸，那是他从来也没有见过的表情：乔伊斯被疼痛折磨得脸都几乎变了形，他的眼睛大大地睁着，嘴里似乎还不停地发出着痛苦的呻吟声……

乔伊斯被送到医院后，医生们经过仔细地检查，最终确定乔伊斯是被十二指肠溃疡穿孔所折磨着。当乔治问到医生们的治疗方案时，所有的医生都建议立即手术。但是当乔伊斯听到需要进行手术时，他却毫不犹豫地拒绝了。

同医生们交谈后的乔治已经知道，如果进行了手术的话，父亲或许还有一些希望，如果父亲固执己见，不同意手术的话，恐怕……他不敢再想下去了。不过，为了父亲的生命着想，乔治最终还是坐到了乔伊斯的病床前，他需要做通父亲的思想工作。

乔伊斯虚弱地问道："我的病还有希望吗？"

"有的，父亲。只要做了手术，您就会好起来的，斯蒂芬还等着您陪他玩呢。"乔治轻轻地说道。

"可是，做手术不是需要一大笔的费用吗？你们要从哪来找这部分钱？"乔伊斯忽然想起了这点，于是开口问道。

乔治心中一痛，劝慰父亲道："没事的，办法总比难题多，我能够解决的。"

乔伊斯点点头，不再说话。这时，他的一个朋友拉齐艾罗来了，在朋友的手中是一份授权书，上面表明，如果乔伊斯不幸去世，那么乔治将有权处理乔伊斯的所有存款。乔伊斯明白后，马上就签了字。而且，他还劝朋友道："没事的，会过去的。"

得知乔伊斯已经同意了手术，医院马上就安排了专家准备手术。当医生走出手术室后，他告诉乔治他们，从目前的情况来看，手术还是非常成功的，不过也需要继续观察。乔治和诺拉对医生表示过感谢之后，就守护在了乔伊斯的病床前，等候着他的醒转。

下午的时候，乔伊斯如同医生预料的那样，醒了过来。看着床前的妻子和儿子，他微微地笑了："好了，都过去了，我不是已经坚持过来了吗？"

诺拉和乔治也感到乔伊斯的脸色好了许多，心中的担忧不禁少了几分。诺拉向乔伊斯说道："我就知道，你不会轻易向病痛屈服的。"诺拉脸上自豪的光芒，仿佛征服病痛的不是乔伊斯，而是她自己似的。乔伊斯看着关心自己的妻子，心底充满了暖意，无论如何，自己活下来了，不是吗？

可是，乔伊斯的这种良好状态并没有保持下去，虽然医生已经用尽了一切能够想到的办法，但他还是迅速衰弱了下去，甚至出现了昏迷的现象。

当乔伊斯偶尔从昏迷中清醒过来时，他一定要看到诺拉在身旁才肯罢休，为此，他甚至向医院提出请求，请求在自己的床铺旁边再加一张床，让诺拉陪伴在自己的身旁。不过，乔伊斯的这个请求并没有得到医生的允许。

而且，医生检查过乔伊斯后告诉诺拉和乔治，暂时乔伊斯的病情不会有太大的变化，因此不需要整日整夜地陪伴在医院，两人可以回家稍微休息一下。两人犹豫片刻，还是决定遵从医生的意见，不过，在离开前，他们一再叮嘱医生，如果乔伊斯发生变化的话，一定要通知自己。听到医生答应了，诺拉和乔治才离开。

就在这天晚上，凌晨1点左右的时候，乔伊斯忽然清醒了，他请求护士将自己的妻子和儿子喊来。说完这些话之后，他就又陷入了昏迷之中。护士不敢急慢，急忙向医生告知了乔伊斯的状况以及请求。

到来的医生查看过乔伊斯的状况后，脸色一变，立即派人通知诺拉和乔治，同时，再次展开对乔伊斯的急救。

诺拉和乔治接到通知后，立即以最快的速度向医院赶去，但他们还是没能赶到死神之前。当他们到达医院后，医生只能无奈地告诉了他们最不愿听到的消息：乔伊斯已经在2时15分的时候永远地离开了人世，诺拉与乔治大恸。

乔伊斯去世的消息传出去之后，他的朋友们纷纷赶来参加他的葬礼。即使因为战争而不能前来的，也竭力发来信件安慰诺拉与乔治。曾经有位神父建议葬礼按照宗教仪式来举行，诺拉直接就拒绝了。

虽然诺拉一直坚持着到教堂祷告，但是她明白，如果真按照那位神父的建议来举行葬礼的话，乔伊斯肯定不会同意的。诺拉看不懂《尤利西斯》，看不懂《芬尼根守灵夜》，但是这又有什么关系呢？她懂得乔伊斯敏感而骄傲的心，这就足够了。

坐在空荡荡的房间中，诺拉仿佛又看见了那趴在桌子上写写画画的身影，仿佛又看到了那戴着眼镜，认真修改文稿的身影，她的神情渐渐地痴了……

附录

詹姆斯·乔伊斯生平

1882年2月2日，乔伊斯出生在风光绮丽的岛国爱尔兰，当时的爱尔兰还是英国的殖民地，人们正处在一个战乱不断的年代。他的父亲有着坚定的民族主义信念，母亲则是一个虔诚的天主教徒。乔伊斯是家中的长子，从小在教会学校接受天主教教育，学习成绩优秀，尽管有很多弟弟妹妹，但他依然是最受父亲宠爱的孩子。

1898年，乔伊斯以优异的成绩进入都柏林学院学习，为了读自己喜欢的作家的作品，他学习了几国语言，特别是最钦佩的易卜生的作品，他还因此学习了挪威文。乔伊斯发表的演讲《戏剧与人生》，受到了易卜生的赞许，从此坚定了走文学道路的决心。

四年大学，乔伊斯顺利毕业，取得了现代语学士学位。后来因为经济原因，放弃了在医学院的学习，去了巴黎，母亲病重后返回都柏林，直到母亲去世。

1904年，乔伊斯认识了女友诺拉，并和她一起离开都柏林，私奔到了欧洲大陆，开始了一生的流亡生涯，这中间仅有几次短期的回乡探亲，1911年之后就再也没有回过爱尔兰。

自从离开爱尔兰之后，乔伊斯一直过着颠沛流离的生活，三十多年的时间里，一直辗转于的里雅斯特、罗马、苏黎世和巴黎等地，大多以教授英语和为报刊撰稿糊口，尽管生活拮据，又饱受病痛的折磨，晚年时候几乎完全失明，但他始终坚持创作，对文学矢志不渝，终成一代巨匠。

巴黎沦陷后，乔伊斯带着家眷疏散到法国南部。

1940年12月，乔伊斯和妻子诺拉把精神分裂的女儿露西亚留在法国的一家医院，狼狈不堪地逃回瑞士苏黎世。

1941年1月10日，乔伊斯因腹部痉挛住院，13日凌晨去世，终年59岁。

詹姆斯·乔伊斯年表

1882年2月2日出生于爱尔兰都柏林。

1888年9月在克朗高士读小学。

1893年在贝尔弗迪尔读中学。

1898年进入皇家大学都柏林学院，专攻语言和哲学，在校期间博览群书。

1902年大学毕业，进入圣塞西莉亚医学院学医，12月辍学后来到巴黎医学院。

1903年4月，母亲去世，留在都柏林。

1904年开始写作自传体小说《艺术家年轻时的写照》，6月16日结识诺拉·巴那克尔，10月与诺拉私奔，在的里雅斯特150英里外的普拉一所语言学校任教。

1905年转到的里雅斯特任教，7月，儿子乔治出生。

1914年6月，《都柏林人》问世。

1918年，《尤利西斯》开始在美国《小评论》杂志上连载。

1921年10月，《尤利西斯》原稿完成。

1922年，《尤利西斯》出版发行，开始构思《芬尼根守灵夜》。

1931年，父亲去世。

1934年，《尤利西斯》在美国解禁，兰登书屋率先出版。

1939年，《芬尼根守灵夜》在伦敦、纽约出版。

1940年，迁居苏黎世。

1941年，腹部痉挛住院，1月13日凌晨去世，15日葬在弗林贴隆坟地。